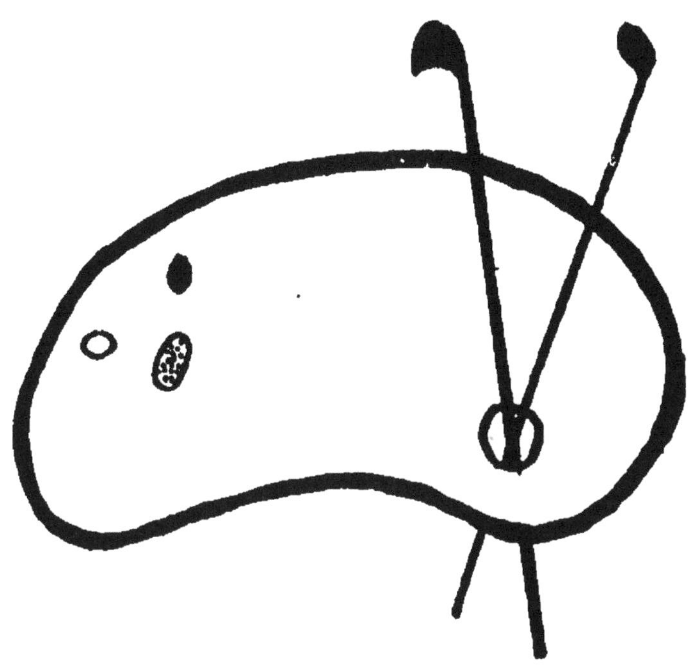

PIE IX

PAR

LOUIS VEUILLOT

SOCIÉTÉ GÉNÉRALE DE LIBRAIRIE CATHOLIQUE
VICTOR PALMÉ, ÉDITEUR DES BOLLANDISTES, DIRECTEUR GÉNÉRAL
PARIS
25, rue de Grenelle-St-Germain
BRUXELLES
5, place de Louvain, 5
1878

Typographie Lahure, rue de Fleurus, 9, à Paris.

PIE IX

S. S. PIE IX

PIE IX

PAR

LOUIS VEUILLOT

SOCIÉTÉ GÉNÉRALE DE LIBRAIRIE CATHOLIQUE
VICTOR PALMÉ, ÉDITEUR DES BOLLANDISTES, DIRECTEUR GÉNÉRAL

PARIS
25, rue de Grenelle-St-Germain

BRUXELLES
5, place de Louvain, 5

1878

PIE IX

« Puisque Dieu, dit un évêque[1], a voulu « être homme, il a consenti à toujours être « représenté ici-bas par un homme. Et cet « homme, c'est à Rome qu'il l'a placé. » Parole abrégée, mais puissante, qui dit tout sur la grande question du monde, et qui donne le vrai jour sous lequel il faut regarder le doux et grand Pie IX.

L'Homme-Dieu a été l'homme de douleur, il n'a fait que des œuvres de justice clémente et de miséricorde pure, et il a été

1. Mgr Berteaud, évêque de Tulle.

haï, calomnié, bafoué, mis à mort. Ceux qu'il avait instruits par sa parole, guéris par ses miracles, délivrés par sa doctrine, ont crié : « Nous ne voulons pas qu'il règne sur nous ! » Il a épuisé le calice des lâchetés et des iniquités humaines. Ses amis eux-mêmes l'ont abandonné, l'ont renié ; il avait nourri de sa chair celui qui l'a vendu. La puissance publique, proclamant son innocence, l'a fait battre de verges avant de lui donner la mort. On l'a tué au nom de la vérité, en invoquant l'intérêt du peuple et l'intérêt du ciel ; et une vile populace a eu licence de l'insulter jusque dans le prétoire et jusque sur la croix. Voilà l'Homme-Dieu, caché et comme anéanti dans l'homme de douleur. Du ciel, qui semble fermé, nul secours ; sur la terre, son domaine est le Calvaire, son trône, un gibet. Cependant il règne. Le titre de sa royauté, écrit de la main qui le livre, est cloué à l'instrument du supplice par les mains qui le crucifient. Que d'efforts seront faits pour déplanter cette croix, pour en arracher ce titre royal ! Mais la croix est stable, et le titre royal est écrit pour l'éternité. Sans douter jamais de sa faiblesse ni de sa victoire, le divin supplicié avait dit : *J'ai vaincu le monde.* Il expire ; les ténèbres enveloppent la terre, les morts sortent des sépulcres. Averti par ces perturbations, l'homme de la force publique, celui qui vient d'assurer l'exécution de l'inique sentence, reconnaît et adore la victime : « C'était vraiment le Fils de Dieu ! »

Il faut se rappeler cette figure et cette histoire avant d'esquisser la figure et l'histoire de Pie IX. Nous ne sommes plus dans les conditions ordinaires de la biographie. Nous n'avons pas à peindre un homme semblable aux autres. Celui-ci n'est pas né pour les œuvres communes. Dans une chair soumise aux infirmités et à la mort, il porte comme nous un esprit exposé à l'erreur, mais non pas cerné dans toutes nos bornes et soumis à toutes nos défaillances. Dieu lui est lié par un serment éternel et l'assiste spécialement. Il est celui à qui le Sauveur a dit : *Je suis avec toi.* Ici la chair mortelle enveloppe plus d'immortalité qu'en nous. Il est Pierre qui ne meurt pas, assis sur le trône qui ne croule pas. Il est le représentant de Dieu, que Dieu a placé à Rome, parce que Rome est le lieu où il plaît à Dieu d'habiter ; et son histoire enferme plus d'élément divin qu'une autre. Faible, diffamé, moqué, crucifié comme l'homme de douleur, invincible comme l'Homme-Dieu, dans les conditions du Calvaire, il continue l'œuvre du Calvaire ; œuvre incomparable, poursuivie et agrandie depuis dix-huit siècles à la face des hommes prosternés devant le miracle ou stupéfaits et furieux devant le problème. Il enseigne, il expie, il délivre, il meurt, il règne. Il porte un nom incommunicable; il est le Pape, le Père! Toute langue, même rebelle, le nomme ainsi, et ne nomme ainsi nul autre. Sa royauté paternelle, la plus ancienne qui soit au monde, est, tout ensemble, la plus contestée du temps, la plus assurée de l'avenir. En ce point, le sentiment profond des plus intelligents parmi ses ennemis est d'accord avec la croyance des plus fermes parmi ses fidèles. Pourquoi? Ses fidèles couvrent le monde; on en évalue le nombre à deux cents millions, mais disséminés, indolents, défaillants, réduits, en fait, comme force active, à une poignée : ses ennemis sont innombrables, puissants, ardents, coalisés, munis d'armes souveraines. Ils désirent et ils prophétisent la chute de la Papauté. D'où vient qu'ils désespèrent? D'où vient que la Papauté, environnée de piéges, pressée de soldats, meurtrie de coups, escortée d'injures et de dérisions, vit, marche, ne voit nulle part de terre lointaine ni de peuple ennemi qu'elle ne veuille et n'espère conquérir? C'est le miracle, c'est le problème, c'est le triomphe permanent et toujours incompréhensible de l'homme de douleur.

Nous avons sous les yeux ce scandale de la raison humaine.

Et, comme la raison humaine ne fut jamais plus révoltée contre le Dieu de la croix et ne nia jamais avec plus d'obstination ses droits sur le monde, jamais son scandale ne fut plus grand. Elle peut se dire qu'elle a tout vaincu. Ce qui n'est pas détruit, elle l'a changé à sa guise. Elle a renversé les institutions, façonné les esprits au doute, paralysé les cœurs. En rompant avec l'ordre surnaturel, ses lois ont proclamé la déchéance du Dieu Christ, dont sa science a nié la divinité et jusqu'à l'existence historique. Elle a imposé à la terre un droit de sa fabrique, le droit de l'homme, appelé plus tard le « droit nouveau », et qui est simplement le droit de son caprice. Armée de ce droit, elle a nié et méprisé tout droit antérieur, tout droit de la terre et tout droit du ciel. Elle a violemment dépouillé les rois de leur couronne, les peuples de leur nationalité, les individus de leur propriété, les âmes de leur croyance, les autels de leur liberté. Ses sophismes corrompent par la peur les hommes dont ils n'ont pas ruiné le bon sens; toute résistance est vaine. Jamais despote plus insolent n'a dit à la conscience : « Tais-toi ! » ou ne l'a livrée avec plus de dédain aux huées des sicaires. Qui donc l'arrête encore, et pourquoi, ayant tout vaincu, n'a-t-elle pas tout emporté ? Un seul homme se dresse devant elle sur les débris de la civilisation chrétienne, l'empêche de les disperser en poussière, et maintient parmi ces ruines l'esprit qui peut tout renouveler suivant les traditions éternelles, sous les ailes de la croix. Cet homme pacifique dit *Non* à la raison humaine séparée de la raison divine; *Non* à son droit nouveau; *Non* à ses entreprises forcenées contre les droits des peuples et contre les droits de Dieu, que l'on annule en les séparant, et dont il est la véritable et complète expression. Dans sa faiblesse, invaincu jusqu'à présent, il garde ce qui ne pourrait périr sans que le genre humain se vît aussitôt replacé sous la dent envenimée du despotisme antique.

Rome appartiendra-t-elle à Pierre, prêtre du Christ, ou à Néron, prêtre de sa propre divinité? Le problème se pose aujourd'hui comme il y a dix-huit siècles, plus résolûment accepté par l'apostasie qu'il ne le fut par l'incrédulité. « Nous ne voulons pas qu'il règne sur nous ! » Ce cri de la Synagogue est poussé par des hommes qui ont reçu le baptême. Et comme aux premiers jours, la terre tremble, les ténèbres descendent, les morts sortent des sépulcres. Quels fantômes n'épouvantent pas les regards des vivants? Oui, oui, le sépulcre de Néron peut se rouvrir ! Mais Pierre ne meurt pas.

Pierre ! Rangée derrière lui, réveillée à sa voix, émue d'admiration et d'amour, et le saluant des titres magnifiques que lui donnent les docteurs, la Catholicité le nomme encore *Moïse*, le *Patriarche universel*, le *Père des Pères*, l'*Héritier des Apôtres*, la *Bouche* et le *Chef de l'apostolat*, le *Refuge des évêques*, le *Pasteur de tous les pasteurs*, le *Lien de l'unité*. Lorsque le choix de Dieu l'eut tiré de la foule, le premier cardinal diacre, en présence du peuple, prononça avec vérité ces paroles suprêmes qui ne peuvent s'adresser qu'à lui : — « Reçois « la tiare aux trois couronnes; tu es le « Père des Princes et des Rois, le Pasteur « de l'univers, et le Vicaire, ici-bas, de « notre Sauveur Jésus-Christ. »

II

L'homme, aujourd'hui vivant, sur qui la Providence a mis ce fardeau de gloire, est né à Sinigaglia, petite ville de l'État pontifical, dans la partie usurpée par le Piémont, le 13 mai 1792.

Il reçut au baptême les noms de *Jean-Marie,* double prédestination à la pureté et à l'amour. Sa famille était des plus anciennes et des meilleures du pays. Pie VI régnait à Rome, déjà sur le seuil de la prison. En France, le sang des prêtres, déjà répandu dans les massacres, allait couler sur l'échafaud. Le monde commençait à dire que Pie VI serait le dernier pape. Les premières prières que Jean-Marie Mastaï Ferretti apprit de sa mère, demandaient à Dieu d'assister le Pape captif dans l'exil.

L'enfant passa cinq années (1803-1808) au collége alors renommé de Volterra, dirigé par les religieux scolopies. On remarquait son aimable aspect, son esprit vif, sa parole vigoureuse. Une sœur de Napoléon Ier, Elisa Bacciochi, reine en ce moment, visita Volterra, qui faisait partie de son royaume d'Etrurie. Le collége, suivant l'usage italien, tint une séance de littérature pour faire honneur à cette reine, et Giovanni-Marie Mastaï Ferretti en fut élu président. Il se sentait déjà appelé à l'état ecclésiastique, lorsqu'un mal terrible, l'épilepsie, menaça de lui fermer la carrière sacrée. Néanmoins, il persévéra ; et en 1809 il reçut la tonsure. La même année, il vint à Rome pour se former à la science et aux vertus du sacerdoce auprès d'un de ses oncles, chanoine de Saint-Pierre. Il vit l'enlèvement de Pie VII, dès longtemps déjà tourmenté comme Pie VI, mais d'une main plus savante. L'oncle de Jean-Marie, prêtre fidèle, dut quitter Rome. Jean-Marie se retira chez son père. Deux années après (1812), il fut réclamé à Milan pour faire partie de la garde d'honneur, mais sa maladie le fit exempter. Il n'a jamais porté les armes et n'y sentit jamais aucune inclination. Il resta dans sa ville natale jusqu'au retour de Pie VII. Il vit ce triomphe à Sinigaglia, où il fut présenté à l'agneau victorieux, et à Rome, où il se rendit en hâte afin de suivre les cours de l'académie ecclésiastique. Il était sur la place du Peuple quand le captif de Fontainebleau reprit possession de sa capitale; il vit l'enthousiasme de ce peuple enfin délivré. Quelle leçon! quelle histoire prophétique!

La maladie le tourmentait toujours, mais sa foi ne voulait pas désespérer. Il commença la théologie. A partir de ce moment, les attaques devinrent moins fréquentes et moins violentes, et il put recevoir les ordres mineurs (1818). Il voulut sans délai s'employer aux labeurs de l'Évangile. Des missionnaires se rendaient à Sinigaglia. Ils avaient à leur tête le prince Odescalchi, prélat de la cour romaine, le même qui plus tard déposa la pourpre pour entrer dans la Compagnie de Jésus, et Mgr Strambi, qui est mort en odeur de sainteté. Jean-Marie s'adjoignit à ces envoyés de miséricorde pour leur rendre les humbles services de catéchiste. La mission fut heureuse. La santé du catéchiste, encore améliorée, lui valut une dispense pour être promu au sous-diaconat et au diaconat. Il fut ordonné sous-diacre le 18 décembre 1818.

Ses désirs allaient plus haut, il aspirait toujours plus ardemment au sacerdoce. Il obtint enfin la dispense nécessaire, mais à condition de ne célébrer le saint sacrifice qu'assisté d'un autre prêtre. Cependant, il avait tant éprouvé la paternelle bonté de Pie VII qu'il osa lui demander d'être délivré de cette gêne. Le Souverain Pontife l'écouta bénignement, suivant sa coutume. Une lumière d'en haut vint-elle illuminer cette âme sainte et diriger ce doux et humble esprit qui avait dû prononcer tant de décisions mémorables? Pie VII, en ce moment, connut-il la destinée du jeune lévite agenouillé devant lui? Il lui prit affectueusement la main et lui dit : « Oui, nous vou-
« lons vous faire encore cette grâce; et

« d'autant que je crois que désormais ce « cruel mal ne vous tourmentera plus. » Depuis lors jusqu'à ce jour, depuis quarante-quatre ans, le mal a cessé.

L'abbé Mastaï célébra pour la première fois la sainte messe le jour de Pâques 1819, à Rome, dans la petite église de *Sant'Anna dei Falegnami*. C'est la chapelle d'un refuge d'enfants pauvres, fondé par un homme de bien, un pauvre maçon de Rome, qui s'était donné aux orphelins de la ville, les logeait et les nourrissait des aumônes mendiées pour eux. On l'appelait *Tata Giovanni* (père Jean). L'abbé Mastaï s'était fait le coadjuteur et se fit le successeur de l'humble bienfaiteur des orphelins. La maison en contenait une centaine. Il leur enseignait le catéchisme, les guidait dans l'accomplissement de leurs devoirs religieux, surveillait leur éducation professionnelle. L'hospice n'était pas seulement gouverné, mais encore soutenu par lui. Tous ses revenus y passaient. Il garda sept ans cette charge volontaire. Tel fut son premier et son plus doux noviciat comme pasteur des peuples et roi particulier des Romains.

Il avait trente et un ans. La Providence le mit à une autre œuvre, singulièrement importante pour l'avenir. Un nonce que Pie VII envoyait au Chili demanda et obtint l'abbé Mastaï pour auditeur. La comtesse Mastaï s'effraya de cette mission si lointaine et si médiocre. Quant à lui, il ne craignait point les périls, et il n'appartenait plus à sa mère. Il alla remercier le Souverain Pontife. Pie VII lui dit : « Votre « mère a écrit au Cardinal secrétaire pour « empêcher votre départ. Nous lui avons « répondu que vous reviendriez sain et « sauf. » Il revint après trois ans, sain et sauf, mais ruiné. Directeur de l'hospice de Tata Giovanni, il avait donné son revenu ;

auditeur de la nonciature, il ajouta son traitement, sans cesser de payer de sa personne. Il prêcha, fonda et soutint les œuvres de charité, assista les pauvres. De même à Montevideo, où il dut faire quelque séjour. Montevideo, je crois, vingt-cinq ou trente ans plus tard, fut aussi l'un des théâtres de l'activité de Garibaldi. On le loue d'y avoir organisé la guerre de partisans.

De retour à Rome, l'abbé Mastaï fut élevé à la prélature et nommé président de l'hospice Saint-Michel, le plus ancien et l'un des plus vastes établissements de charité qui existent. Le service, entièrement désorganisé, requérait des réformes considérables. En moins de deux ans, le nouveau président répara, restaura, renouvela tout. Véritable école de prince temporel, car Saint-Michel est un monde, on y recueille toutes les misères, on y enseigne tous les métiers, on y étudie aussi les beaux-arts. Lorsque le diligent prélat eut remis en ordre cet immense mécanisme, le Saint-Siége trouva qu'il pouvait gouverner un diocèse. Le Pape Léon XII, grand connaisseur d'hommes, lui donna l'archevêché de Spolette. La présidence de Saint-Michel ne l'avait pas plus enrichi que sa place d'auditeur au Chili. Pour payer ses bulles, il dut vendre une petite propriété qui lui restait.

III

Les premières années de son épiscopat furent douces et sereines. A la veille des secousses de 1830, l'Europe et l'Italie jouissaient d'une certaine tranquillité. L'Archevêque étudiait, poussait son clergé aux études, travaillait à l'amélioration matérielle et morale de son peuple. Missionnaire comme au Chili, patron des pauvres et des orphelins comme à Rome. Entre autres institutions, il créa un orphelinat qui était en même temps une école gratuite pour les enfants à qui leurs parents ne pouvaient faire apprendre un métier. Cet établissement existe encore, à moins que les Piémontais, aujourd'hui maîtres de Spolette, ne l'aient transformé en caserne ou en prison, ce que font assez volontiers ces conquérants de l'Italie.

A Spolette aussi, celui qui devait être Pie IX vit pour la première fois les révolutionnaires. Durant les troubles de 1831, quatre mille insurgés, fuyant les Autrichiens, arrivèrent aux portes de Spolette, ville sans garnison et éloignée de tout secours. Déjà le parti révolutionnaire menaçait spécialement les prêtres. L'Archevêque n'abandonna point son troupeau; il alla au devant de ces hommes. Avec beaucoup de fermeté, beaucoup de charité et beaucoup d'adresse, il leur persuada de rendre leurs armes et de demander pardon. Ils mirent à ses pieds plusieurs milliers de fusils et cinq pièces de canon. Ils lui rendirent un autre hommage. Pour les nourrir, plus que pour les acheter, l'Archevêque leur avait promis quelques milliers d'écus : il voulut remettre cette somme à un certain Sercognani, qu'ils appelaient leur général; mais ils n'y consentirent point et exigèrent que la distribution leur en fût faite par l'Archevêque lui-même. Preuve de leur estime pour lui, preuve aussi de leur estime pour le chef qu'ils s'étaient donné. Une autre expérience lui fit voir dès lors le fond du parti unitaire. Il existait à Spolette, ville principale de la province, un gouvernement révolutionnaire complet, mais il y en avait un aussi à Pérouse, et un encore dans chaque ville un peu importante; et chacun de ces gouvernements voulait être parfaitement indépendant des autres et prétendait ne leur obéir en rien. C'est avec ces éléments qu'il faut faire l'unité de l'Italie.

Transféré en 1832 au siége plus important d'Imola, le bon pasteur y continua ses œuvres. Imola eut un collége pour les étudiants ecclésiastiques pauvres, un orphelinat pour trente garçons, un autre pour les filles, confié aux Sœurs de Charité, et dans lequel il institua deux écoles, l'une gratuite, ouverte à la classe pauvre, l'autre à la classe aisée. Il mit les mêmes sœurs à la tête de l'hôpital, augmenté d'un asile pour les femmes aliénées. Il appela, d'Angers en France, les religieuses du Bon-Pasteur, pour le soin des repenties. « Car son cœur, disait-il, était perpétuellement troublé à la pensée de ces pauvres brebis perdues qui demandent d'être ramenées dans le bercail. » La fondation fut tout à fait sienne; il l'établit de ses propres deniers et consacra ses émoluments pour la soutenir. Quand les religieuses du Bon-Pasteur, demandées avec instance, arrivèrent enfin à Imola, il les reçut dans son palais et écrivit à la Supérieure générale avec effusion pour la remercier. Ses œuvres plus spécialement épiscopales sont sans nombre. Il gouvernait son diocèse en évêque selon le cœur de Dieu, veillait à conserver ses prêtres dans l'esprit de leur sainte vocation, restaurait les églises, visitait le troupeau.

On a dit que l'évêque d'Imola était mal noté à Rome, à cause de ses « idées libérales »; et l'on prête à Grégoire XVI un propos fort invraisemblable sur ce prétendu libéralisme, qui aurait servi de motif pour l'écarter du Cardinalat. La vérité est que

Jean-Marie Mastaï, archevêque à trente-cinq ans, fut créé Cardinal *in petto* dans le Consistoire du 23 décembre 1839, et proclamé dans celui du 14 décembre 1840, à quarante-huit ans. Ce n'était pas beaucoup faire attendre un prélat que l'on voyait peu et dont le mérite était plus présent que la personne. On savait certainement à Rome que l'évêque d'Imola n'avait point peur des idées; mais on savait aussi qu'il était de taille à les mesurer et à les peser. A Rome, dans ces conditions-là, les hommes qui n'ont point peur des idées ne font point peur.

La preuve en fut bientôt donnée par ces mêmes cardinaux qui passaient, alors comme aujourd'hui, pour détester toute intelligence aussi bien que toute vertu. Le grand et saint Pape Grégoire XVI venait de mourir, accablé de travaux et d'années. Le cardinal Mastaï se rendit au Conclave. Il arriva à

Rome dans la soirée du 12 juin 1846; le 15, il entra au Conclave avec les autres cardinaux; le 16, il était élu à l'unanimité; le 17, le peuple romain et bientôt l'univers catholique acclamaient le nom de Pie IX. Le nouveau Pontife voulut informer lui-même ses frères, qui étaient à Sinigaglia. Cette lettre peint son âme.

« Rome, 16 juin, 11 h. 3/4 après midi.

« Le bon Dieu, qui humilie et exalte,
« s'est plu à m'élever du néant à la plus
« sublime dignité de ce monde. Que sa
« très-sainte volonté soit faite à jamais! Je
« sens l'immense poids d'une telle charge;
« je sens également l'extrême insuffisance
« pour ne pas dire l'absolue nullité de mes
« forces. Grand motif de prier; et vous
« aussi, priez pour moi. Le Conclave a

« duré quarante-huit heures. Si la ville « veut faire, en cette circonstance, une dé- « monstration publique, prenez les mesures « nécessaires. Mon vif désir est que la « somme qu'on y destinera soit employée « à quelque objet d'utilité générale, sui- « vant l'avis des chefs de la cité. Quant à « vous, chers frères, je vous embrasse de « tout mon cœur en Jésus-Christ. Et loin « de vous réjouir, ayez compassion de votre « frère, qui vous donne à tous sa bénédic- « tion apostolique. »

On dit que ce fut le Cardinal prince Altieri qui le premier proposa au Conclave le Cardinal évêque d'Imola. Il n'y a point dans Rome de nom et de caractère plus romains qu'Altieri.

IV

Même aux époques les plus ferventes des âges de foi, l'Église a toujours été environnée d'ennemis, et aucun des successeurs de saint Pierre n'a trouvé, en montant sur le trône, des affaires faciles à diriger. Pie IX vit partout les signes d'un prochain et terrible orage. Il pouvait pressentir que la tempête apportait des miasmes de destruction, sinon inconnus du moins encore inexpérimentés, et qu'elle ne rencontrerait plus ces obstacles, ces institutions anciennes qui, en excitant sa furie, en avaient cependant amorti l'effort. Depuis 1789, la Révolution, moins combattue que disciplinée, n'a perdu que l'apparence de sa fougue; elle est devenue plus savante et plus radicale. En 1846, les gouvernements ou la craignaient et pactisaient avec elle, ou la servaient ouvertement. Dans les peuples, elle avait fait son progrès naturel, éveillé d'une part le socialisme, de l'autre confirmé l'impiété. Daignant à peine menacer les trônes, prenant plutôt soin de leur laisser quelque vaine espérance, elle visait à l'autel. Non pas qu'elle poussât son vieux cri : « Plus de Christ ! plus de Dieu ! » Au contraire, elle honorait le Christ comme un sage, et Dieu comme une idée. Elle ne disait pas même : « Plus de culte ! plus de prêtres ! » Elle se contentait de dire : « Plus d'Église indépendante ! » C'était assez. Avec cette tactique, elle endormait beaucoup d'alarmes et parvenait à obscurcir même le bon sens chrétien.

Cependant, d'un autre côté, particulièrement en France, on comprenait mieux le rôle social du chef de l'Eglise. Lorsqu'en 1819, Joseph de Maistre avait publié son livre immortel sur le *Pape*, il avait à peine trouvé quelques lecteurs[1]. Nous n'en étions plus là. Une grande lumière avait lui, un grand mouvement d'amour et de soumission s'était déterminé : devant ce mouvement il n'existait plus d'obstacle invincible.

Toutefois, ce seul point lumineux au centre d'un horizon si effroyablement chargé, n'était pas lui-même exempt de nuages. Jusque dans le groupe catholique, on reconnaissait la plaie du temps, cette infatuation de la sagesse moderne toujours disposée à rompre en quelque chose avec la vérité pour tâcher d'accommoder l'erreur. Les

1. La première édition, tirée à deux-cents exemplaires, n'avait pas été épuisée dans l'année.

« catholiques libéraux » commençaient d'élever leurs thèses insaisissables, où sonnent tous les mots qui plaisent à l'impiété. En présence des clameurs odieuses que la Révolution poussait sur la tombe encore ouverte de Grégoire XVI, ils gardaient le silence; ils faisaient de ridicules vœux pour que l'habileté de M. Rossi, alors ambassadeur de France à Rome, n'empêchât point le Conclave d'élire un pape qui « eût l'intelligence des temps nouveaux ». La presse révolutionnaire s'emparait de ces banalités imprudentes; elle déclarait que « les meilleurs catholiques » en étaient réduits à désirer l'impossible; car si « les temps nouveaux » sont ceux où l'on vit, quel Pape, depuis Luther, fut jamais de son temps? Une page de la polémique qui s'éleva sur ce sujet entre les feuilles catholiques sera intéressante à relire aujourd'hui :

« Le conclave nous donne un Pape né en

1792, arrivé par conséquent à l'âge de la pensée au moment où les « temps anciens » venaient de s'accomplir. Pendant qu'il devenait homme, la France et l'Europe se détachaient des vieilles lois, et, par un autre mouvement, retournaient aux vieilles croyances, ne voyant qu'en elles le moyen de sauver des temps anciéns ce qu'aucune société ne peut abandonner, le moyen de conserver et de purifier certaines acquisitions, moins nombreuses et surtout moins neuves qu'on ne croit, qui se peuvent appeler, à la rigueur, les conquêtes des temps nouveaux. M. de Maistre a publié en 1819 son livre *Du Pape*. L'abbé Mastaï avait alors vingt-sept ans. Probablement qu'il a lu ce livre incomparable. En tout cas, les idées, vraiment nouvelles et vraiment anciennes aussi, qui en font le mérite, n'ont pu demeurer étrangères à un esprit si distingué. Elles circulaient dans la sphère supérieure où s'élèvent d'elles-mêmes les rares intelligences que Dieu prépare au gouvernement de l'avenir. L'abbé Mastaï était un homme des temps nouveaux, comme les Apôtres et les chrétiens de tous les âges, lorsqu'il renonçait au monde pour se vouer à Dieu. Il était prêtre des temps nouveaux comme les bons prêtres de toutes les époques, lorsque, engagé dans l'ordre sacerdotal, il s'enfermait parmi les pauvres et les infirmes, pour les évangéliser et les servir. Il était politique des temps nouveaux et même des temps à venir, comme Grégoire VII, comme Innocent III, et, si l'on veut remonter plus haut, comme saint Pierre, lorsque, dans ses humbles fonctions d'auditeur du nonce au Chili, il savait défendre les droits de l'Église et rechercher plutôt l'approbation de Dieu que celle des hommes. Il était enfin évêque des temps nouveaux comme tous les évêques selon le cœur de Dieu, qui, depuis dix-huit siècles, ont gouverné les fidèles, lorsque, cloîtré dans son diocèse, il portait le poids et la fatigue du jour, accomplissant d'anciens devoirs, soulageant d'anciennes misères, sans songer qu'il y eût ailleurs des pompes souveraines et un rang plus élevé. Et si tout cela suffit pour faire un Pape digne des temps nouveaux, non pas selon les incrédules et les hérétiques peut-être, mais selon nos catholiques libéraux, qui ne peuvent souhaiter tout à fait la même chose, on peut espérer que ces derniers sont contents. Hélas! c'est tout au plus! Maintenant que le pape est proclamé, la définition un peu vague des *temps nouveaux* s'élargit : on conjure le Souverain Pontife d'aimer la liberté...

« Nous désirons à notre tour quelque chose, — non pas du Pape, car nous pensons qu'il entend les devoirs de sa charge et les intérêts des peuples catholiques aussi bien, pour le moins, que nous, — mais de ceux qui lui donnent de si tranchantes directions. Nous voudrions savoir d'eux ce que c'est que la *liberté*, celle que doit aimer un Pape « qui a l'intelligence des temps « nouveaux ». Nous pensons bien qu'il ne s'agit point de la liberté du désordre en politique, ni de celle des mauvaises doctrines en philosophie, ni des libertés gallicanes, ni de beaucoup d'autres que le Saint-Siége, depuis saint Pierre, a dû flétrir de ses censures, et n'a cessé de refuser aux passions qui les revendiquaient. Non; il s'agit seulement de la liberté de l'Église, de la liberté religieuse dans tout ce qu'elle a de sacré, de la liberté civile dans tout ce qu'elle a de nécessaire aux yeux de la religion, suivant les temps et suivant les pays. Voilà sans doute la liberté que l'on conseille au Pape d'aimer, et rien n'est plus louable ! Mais y a-t-il donc eu des Papes qui n'ont pas aimé et défendu cette liberté-là? Nous serions curieux qu'on nous les fît connaître. Pour nous, il nous semble que la conquête, que l'agrandissement, que l'affermissement de cette liberté a été le but constant de leurs efforts. Le *Siècle* dit le contraire, peut-être. Nous répondons que ce n'est pas le *Siècle* qu'il en faut croire, mais la religion, le bon sens, l'histoire. La religion nous enseigne que la Papauté n'a pas été instituée pour autre chose que pour donner, par l'Église qu'elle dirige, satisfaction aux plus nobles besoins de l'humanité; le bon sens nous dit tout seul que si la Papauté avait manqué à sa mission, ni Dieu ni les hommes ne l'auraient laissée durer dix-huit siècles au milieu des plus formidables assauts que puisse soutenir une chose non pas humaine, mais divine; et l'histoire, venant au secours de notre logique toujours défaillante avec notre foi, nous déroule le tableau infini des efforts, des souffrances, de l'infatigable charité, de l'indomptable courage de tant de saints Pontifes, que rien n'à pu lasser dans l'entreprise obstinée de rendre les hommes plus dignes de la liberté, par la Religion ; plus dignes de la Religion, par la liberté. Voilà ce qu'il faut savoir, voilà ce qu'il faut proclamer, car c'est là ce qui est et ce qui sera. Laissons dire ceux qui ne savent rien et qui refusent de comprendre pour n'être pas induits à bien faire. Nous ne parviendrons pas, si nous voulons rester chrétiens, à façonner la Papauté de telle sorte qu'elle leur devienne agréable. En lui souhaitant ce qu'ils ont l'air de lui demander, nous n'arriverons qu'à fournir un nouveau thème à leurs injures : ils diront qu'elle se refuse aux vœux mêmes de ses fidèles, et que si le respect est sur nos lèvres, le blasphème et le mépris sont dans nos cœurs.

« Nos admirables évêques, ces vigilants gardiens des plus sacrés intérêts de l'Église et des peuples, dans les prières si favorablement exaucées qu'ils ont adressées à Dieu pour obtenir de lui un nouveau chef, n'ont demandé pour Pie IX ni « l'intelligence des temps nouveaux », ni « l'amour de la liberté ». Ils savaient que ces dons inhérents à la Tiare ne lui ont jamais manqué, jamais ne lui manqueront. Ils ont sollicité pour lui la patience, la fermeté, le courage, l'ardente foi des Apôtres, la tendre mansuétude des saints. Et s'il a cela, il a ce qu'il lui faut, ce dont nous avons besoin. Il appliquera aux temps nouveaux les vérités anciennes, et le monde fera un pas dans le salut[1]. »

Les catholiques qui, en 1846, au moment de l'exaltation de Pie IX, se tenaient dans

1. *Univers*, 24 juin 1846.

cet ordre de pensées, peuvent se rappeler sans humiliation les critiques amères dont leur ligne de conduite fut l'objet alors et depuis; le pontificat de Pie IX, dont ils avaient d'avance écrit l'histoire, les justifie assez.

V

Rien, peut-être, n'égala jamais l'hosannah des premiers jours de ce règne qui, sauf de rares intervalles, encore troublés, n'a été qu'une longue tempête. L'hymne d'admiration et d'amour n'a point cessé; mais alors, sincère ou simulé, il était unanime. Le monde eut comme un éblouissement de tendresse. Il entrevit la possibilité d'accorder les vœux des peuples et les exigences de l'ordre. Grégoire XVI, trop pressé par les gouvernements pour pouvoir faire des concessions avec honneur, trop âgé pour accomplir avec succès de grands changements, trop attaqué pour sortir des voies de la résistance et négliger la répression, avait dû tenir ferme jusqu'à son dernier jour. Son successeur, jeune et adoré, usa avec empressement de la faveur des circonstances, qui lui donnaient le temps, et du mouvement public, qui semblait lui donner les cœurs. Il proclama des réformes importantes, accorda des libertés désirées et en promit d'autres, ne demandant que le délai nécessaire pour les préparer; il fit régner la miséricorde. Son premier acte fut une large amnistie pour tous les condamnés, exilés et accusés politiques, sous la seule condition de le reconnaître pour leur souverain légitime et de s'engager d'honneur à se conduire dorénavant en loyaux sujets.

La voix des Romains n'était qu'un cri d'allégresse, et ce cri retentissait dans le monde entier. Les gouvernements applaudissaient comme les peuples, non sans une certaine inquiétude. Les cinq États, Autriche, Russie, France, Angleterre et Prusse, qui avaient en commun signifié au Pape Grégoire XVI le dangereux *Memorandum* de 1831, et qui s'étaient complu à fatiguer son règne de ce programme insidieux, rédigé par un diplomate protestant[1], commençaient à craindre que le nouveau pontife ne fût trop libéral, ne devînt trop populaire. Pie IX ne prétendait rien vendre, ne se faisait rien arracher. Il agissait franchement, en homme d'État qui sait jusqu'où il peut aller, en honnête homme qui ne veut pas trop redouter la trahison et l'ingratitude, résolu même à les affronter jusqu'aux extrêmes limites de

1. M. de Bunsen.

la prudence, pourvu qu'il y gagne de mettre en évidence sa propre loyauté. Grande et saine politique, mais à l'usage seulement des justes, qui sont seuls les patients et les forts; politique traditionnelle des Papes, par laquelle ils ont conquis toujours, ou plus tôt ou plus tard, l'adhésion de la conscience humaine.

Il est vrai, en un sens, qu'aucune des concessions, aucun des bienfaits de Pie IX ne lui a réussi. Ses grâces sont tombées sur des ingrats, ses concessions ont armé des fous ou des traîtres. Les politiques ont souri de sa candeur. Il a été accusé de témérité, même de faiblesse, et l'on pourrait surprendre ce dernier reproche sur des lèvres qui aujourd'hui déplorent son entêtement. Ce sont les vains jugements des hommes. Mais en faisant généreusement cette expérience, d'ailleurs inévitable, et qu'un grand nombre de ses amis, on l'a vu, réclamaient autant que ses adversaires, le Pontife s'est assuré l'estime du génre humain. Il a cru le bien possible, il s'y est obstiné; il a cru à la liberté et lui a tendu les bras ; il a cru à la reconnaissance, à l'honneur, il s'est confié aux serments. Il en a été la victime, soit. Cependant rien ne prouve encore que les habiles et les traîtres y aient autant gagné que lui. Cette adhésion de la conscience publique, on la regarde trop comme peu de chose. On aime mieux trafiquer avec ce qu'on appelle l'*opinion*, puissance plus facile à former et à manier. Mais l'adhésion de la conscience publique est un fonds qui demeure ! Une fois acquise, elle est fidèle ; et ses démentis donnés à voix basse ne laissent pas de couvrir les clameurs machinées de l'opinion.

A l'abondance des bienfaits de Pie IX, les révolutionnaires répondirent par le luxe des trahisons. Les amnistiés se distinguèrent.

En signant l'engagement d'honneur de ne rien entreprendre contre le pouvoir légitime, la plupart ajoutèrent des protestations qu'on ne leur demandait pas[1]. La plupart aussi, à peine rentrés dans Rome, renouèrent et poursuivirent savamment leurs complots. De l'enthousiasme populaire ils firent une émeute permanente, l'émeute des ovations. La sédition, portant des fleurs, se jetait à genoux devant le Pontife et lui demandait en hurlant de la bénir. Elle comptait le séduire, elle ne fit qu'éveiller sa prudence. Elle crut l'intimider, elle le trouva aussi ferme qu'il restait doux. Elle entreprit alors de le contraindre et lui montra le

1. *Giuro sul mio capo, e sul capo de' mici figli, che saro fedele a Pio IX, sino alla morte. — Io giuro di versare tutto il mio sangue per Pio IX. — Io rinunzio al mio diritto al Paradiso, se mai smentissi il giuramento di onore, che mi lega a Pio IX.* Il faut avouer que ces formules de la trahison révolutionnaire ont en Italie quelque chose de particulièrement hideux et qu'on ne rencontre point ailleurs.

poignard : elle ne réussit qu'à déchirer son cœur sans le rendre moins clément.

Pie IX avait résolu de faire à son peuple une large part de liberté; il ne voulait cesser ni d'être pontife, ni d'être roi, ni d'être père. La Révolution, maîtresse d'abord en Suisse par l'impéritie des gouvernements, puis en France, puis dans toute l'Allemagne, et prête à triompher en Italie, s'était rendue souveraine dans Rome. Elle exigeait du Pape qu'il sanctionnât ses doctrines, qu'il prît son drapeau et combattît pour elle. Il condamna ses doctrines et ses œuvres, maintint hautement les droits qu'elle prétendait lui faire abdiquer, refusa de déclarer la guerre à l'Autriche. Ce *Non possumus,* qu'il a dit depuis à d'autres adversaires, il l'a d'abord inébranlablement opposé à la sédition qui lui parlait bouche à bouche. *Non posso, non debbo, non voglio,* je ne puis, je ne dois, je ne veux. La trahison, encore

caressante, ose interpréter ses actes et ses paroles comme des encouragements pour la Révolution ; il lui inflige le démenti indigné de son honneur et de sa foi. Il déclare hautement que ses efforts « complétement étrangers à toutes vues d'une politique humaine, ne tendent qu'à la diffusion de la très-sainte religion du Christ ». S'il désire que les princes, « gardant la loi de la justice, marchant suivant la volonté de Dieu, et défendant les droits et la liberté de la sainte Église, ne cessent jamais, par devoir de religion comme par humanité, de travailler au bonheur et à la prospérité de leurs peuples, » il n'a pas cependant « cessé de rap-
« peler l'obéissance qui est due aux pou-
« voirs, obéissance de laquelle personne ne
« peut jamais s'écarter sans crime, si ce
« n'est dans le cas où il serait peut-être
« ordonné quelque chose de contraire aux
« lois de Dieu et de l'Église. » Il proteste

surtout contre ceux qui concluent de sa charité pour les personnes à sa tolérance pour les doctrines, supposant qu'à ses yeux non-seulement les fils de l'Église, mais tous les autres hommes, quelque éloignés qu'ils soient de l'unité catholique, sont également dans la voie du salut, et peuvent parvenir à la vie éternelle. « Les paroles nous man-« quent, dit-il, pour exprimer notre hor-« reur et flétrir cette nouvelle injure. Oui, « nous aimons tous les hommes de la plus « profonde affection de notre cœur, mais « non autrement toutefois que dans l'amour « de Dieu et de Notre-Seigneur Jésus-Christ, « qui a envoyé ses disciples dans le monde « entier prêcher l'Évangile à toute créature, « déclarant que ceux qui auraient cru et au-« raient été baptisés seraient sauvés, et que « ceux qui n'auraient point cru seraient « condamnés. Que ceux-là donc qui veu-« lent être sauvés viennent à ce fondement

« de la vérité, à la vraie Église du Christ,
« qui, dans les Evêques et dans le Pontife
« Romain, le chef suprême de tous, pos-
« sède la succession non interrompue de
« l'autorité apostolique. Et que tous s'en
« souviennent : le ciel et la terre passeront,
« mais aucune parole de Jésus-Christ ne
« passera jamais ; et rien ne peut être changé
« dans la doctrine que l'Église catholique
« a reçue de Jésus-Christ pour la conserver,
« la défendre et la prêcher. »

Ces déclarations, sans cesse renouvelées, condamnaient les actes de la Révolution et niaient radicalement ce que l'on peut appeler sa doctrine intérieure. Elles dépopularisaient Pie IX ; mais ce qu'il perdait du côté de l'opinion ignorante ou violentée, il le retrouvait au centuple dans l'appui de la conscience.

Vaincus, les démagogues romains jetèrent le masque. Il ne leur restait plus que le crime. Le ministre du Pape, Rossi, conscience conquise, fut assassiné. Cet homme, jadis lié aux révolutionnaires, aimait vraiment l'Italie. Comprenant enfin que la cause de la liberté italienne était la cause même de la Papauté, il eut la gloire de donner sa vie pour la vérité qu'il avait longtemps méconnue. L'assassin le frappa sur le seuil de la Chambre des Députés, à la vue, pour ainsi dire, de deux cents misérables prétendus représentants du peuple romain, les uns complices du meurtre, les autres lâchement terrifiés. Aucun ne se leva pour secouer ce sang qui rejaillissait sur eux. Aucun n'osa dire que ce coup de poignard venait d'abattre la constitution romaine. Le Pape, dépossédé en fait, prisonnier, n'ayant au sein de son peuple, armé par lui, d'autre appui que les représentants des nations catholiques, dut fuir pour sauver sa liberté pontificale, et épargner aux Romains la responsabilité d'un de ces crimes que Dieu ne punit pas seulement sur les coupables, mais sur leurs enfants. Il s'échappa, vêtu en simple prêtre. Aux portes de la ville, des soldats lui adressèrent quelques mots sans le reconnaître, et le laissèrent passer. Sur son front, ce simple prêtre emportait intactes la couronne temporelle et la tiare, dans une auréole d'honneur et de sainteté.

VI

La vénération du monde suivit Pie IX à Gaëte. A Rome, s'installa une république présidée par des triumvirs. L'illustre de ces triumvirs, le seul de qui l'on se souvienne, était Mazzini, un assassin ; les deux autres, deux traîtres obscurs. Ils avaient proclamé la déchéance du pouvoir temporel, mais ils daignaient inviter le Pape à venir reprendre son siége épiscopal. En attendant, pour tromper la simplicité du bas peuple, encore engagé dans les ténèbres chrétiennes, ils faisaient célébrer les cérémonies pontificales par des prêtres de leur parti, c'est-à-dire ouvertement incrédules comme eux. Tant d'hypocrisie, jointe à une extrême incapacité, inspirait encore plus de mépris que leur puissance n'inspirait de terreur. Les triumvirs laissèrent égorger plusieurs prêtres fidèles. Malgré ces parricides, la république romaine de 1849 fut proprement un carnaval de larrons, très-ignominieux, très-malfaisants, très-ridicules. La sinistre orgie coupa promptement les accès de cette fièvre politique particulière au peuple romain, *la Malaria capitoline.* Sous cette influence, le peuple romain se persuade que le Capitole est encore le centre du monde, et que la terre attend ses lois. Il se donne des tribuns, des consuls, des triumvirs; il est surtout assuré d'un dictateur. La parodie dure peu, mais ne lui plaît jamais jusqu'à la fin. Quelqu'un d'entre le peuple chrétien se lève, accourt et la termine. De Rome comme du reste du monde, les cœurs volaient à Gaëte. La république française, mandataire de l'Europe catholique en proie aux révolutions, termina par la force les courts destins de la république romaine. Les deux républiques n'eurent pas même la consolation de s'étonner de ce dénouement. C'était l'impérieuse volonté, l'impérieuse nécessité du monde. Pie IX revint. Il revit la scène dont il avait été témoin dans sa jeunesse, lorsque la présence de Pie VII ressuscitait Rome agenouillée et pleine de joie. Comme ce pontife, il avait d'immenses désastres à réparer, et de plus que lui un immense pardon à répandre.

Rien n'était au-dessus de son zèle ni de sa charité.

Sa couronne temporelle ne devait pas cesser un instant d'être une couronne d'épines. Avant qu'il ne fût rentré, un programme bruyant lui imposait la clémence, comme si l'on avait pu douter de son cœur, et lui dictait des réformes immédiates, qui, telles qu'on les exigeait, l'eussent détrôné irrémédiablement. Amnistie, Code Napoléon, gouvernement séculier. La diplomatie conservatrice reprenait l'œuvre du triumvirat. Le Pape, dans ces conditions, n'était plus que l'évêque de Rome. Il déclara qu'il prétendait pardonner et gouverner lui-même, et qu'il préférait l'exil à l'abdication. Le programme de Paris tomba à l'état de lettre morte. Il n'en existait pas moins. Pie IX comprit que, quoi qu'il pût faire, ce nouveau *Memorandum* entretiendrait chez lui l'ingratitude et la rébellion. De là, l'onéreuse nécessité d'un secours extérieur, et la fatigante perpétuité de ce reproche absurde, mais par là même si puissant, de ne pouvoir subsister sans l'appui des « baïonnettes étrangères ».

VII

En présence de ces difficultés cruelles, qui n'étaient point son œuvre ni celle de la Papauté, mais le fait de l'Europe, Pie IX n'avait qu'une ressource, sa constance. Il se mit au travail. Commerce, industrie, finances, instruction, moralité, la république avait tout abîmé ou tout paralysé. Les embarras d'argent furent promptement surmontés, sans faire tort aux œuvres d'utilité et de charité publique. Dès 1858, les finances de l'État pontifical ne craignaient point la comparaison avec les plus prospères de l'Europe. Il avait été largement pourvu à l'éducation de la jeunesse, à l'amélioration des détenus, au secours des orphelins, des veuves, des infirmes et des vieillards, objets particuliers des sollicitudes du Pontife-Roi; de grands et nobles travaux étaient accomplis ou en voie d'exécution; l'esprit public s'était relevé admirablement tant sous le rapport politique que sous le rapport religieux.

Les arts avaient eu leur part magnifique. Entre autres travaux qui intéressent également l'art et la science, Pie IX, à qui les archéologues ont décerné le titre de *vindex antiquitatis*, acheva la restauration de la voie Appienne, commencée dès les premiers temps de son pontificat. Il en a fait le plus étonnant et le plus touchant musée qui soit au monde. Ceux qui en ont parcouru les mélancoliques splendeurs ne les oublieront jamais. Il y a là autre chose que la curiosité, autre chose que la science, il y a la beauté. De ces urnes brisées et de ces tombeaux rompus s'échappe la leçon vivante du néant des choses humaines. Rome, après ses temples, n'a point de lieu d'où le cœur emporte plus d'impérissables souvenirs[1].

1. Ni l'objet ni les bornes de cet écrit ne nous permettent d'y entreprendre la justification du gouvernement temporel. Le caractère, la haute intelligence, la profonde piété du Souverain, sa vie entière consacrée depuis plus d'un demi-siècle au service du pays, disent assez ce que doit être ce gouvernement effrontément et systématiquement calomnié. La vérité pure est que nul peuple au monde n'est aussi libre, aussi respecté de ses chefs, aussi heureux que le peuple romain. Dans les Etats de l'Eglise, personne n'est fatalement voué à l'ignorance, personne ne meurt fatalement de faim, personne n'est fatalement livré à la prostitution, personne n'est fatalement traîné à la perdition éternelle. Voilà le fait. On trouvera d'exacts détails sur les œuvres gouvernementales de Pie IX, depuis son retour de Gaëte, dans une brochure récemment traduite de l'italien, par M. Chantrel, et intitu-

En se livrant à ce fécond travail de roi temporel, le Pontife, pasteur suprême de l'Église, développait avec encore plus d'éclat sa souveraineté spirituelle. On ne peut ici parler de ses sollicitudes étendues jusqu'aux extrémités de la terre sur les groupes les plus infimes et les plus isolés du troupeau de Jésus-Christ, des accroissements donnés à la Propagande, des encycliques fréquemment adressées aux évêques, des réformes particulières opérées dans le clergé romain, de la hiérarchie catholique établie en An-

lée : L'*Inertie du gouvernement pontifical.* Le traducteur a pu dire avec raison que « nul autre gouverne« nement en Europe n'a déployé tant d'activité, tant « d'intelligence dans toutes les branches de l'admi« nistration, dans tous les genres de travaux. » Nous recommandons aussi aux catholiques l'excellente revue hebdomadaire, la *Correspondance de Rome*, publiée à Rome par un de nos compatriotes. Pleine d'un esprit tout français et d'un cœur tout romain, cette publication est une des meilleures œuvres catholiques de l'époque.

gleterre et en Hollande, faits immenses, enfin des concordats conclus avec divers gouvernements. Mais il faut au moins faire mention du plus grand événement religieux des temps modernes, la définition et la proclamation du dogme de l'Immaculée-Conception de la sainte Vierge Marie.

Dès les premiers temps de son Pontificat, Pie IX avait voulu rendre cet hommage à la Mère de Dieu. Réfugié à Gaëte, il demanda aux évêques de la chrétienté de recueillir partout la tradition. Leurs réponses, unanimes sur la croyance, offrirent à peine quelques dissentiments sur l'opportunité de la proclamer. En 1854, ce travail étant terminé, il convoqua un grand nombre de prélats à Rome; et en leur présence, dans la basilique Vaticane, il déclara que « la doc« trine qui affirme que la Bienheureuse « Vierge Marie a été affranchie de toute ta« che du péché originel dès le premier in-

« stant de sa conception, en vue des méri-
« tes de Jésus-Christ, Sauveur des hommes,
« est une doctrine révélée de Dieu, et que
« tous les fidèles, pour ce motif, doivent
« croire avec fermeté et constance. »

La pauvreté philosophique de notre époque, pauvreté qui tient à son ignorance de la théologie, comprit peu ce grand acte. Dans le fond et dans la forme, en proclamant la vérité, Pie IX atteignait deux sortes d'erreurs. Dans le fond, par l'affirmation du péché originel, il renverse tous les systèmes qui tendent à la déification de l'homme, il établit la vérité de sa chute, la réalité de sa misère, la nécessité de la Rédemption et de la grâce. Dans la forme, le Pape agissant de lui-même pour un acte de cette gravité et prononçant seul, sans intervention d'aucun concile, en présence de toute l'Église obéissante, atteste, plus haut que ne l'avait fait aucun de ses prédécesseurs, sa pleine puissance et son infaillibilité.

Pie IX, comme il l'a dit lui-même, n'a « aucune vue de politique humaine ». Mais il croit à son droit, il prie Dieu d'inspirer sa foi, sa justice et son cœur, et en suivant ces inspirations que Dieu lui accorde, il triomphe du monde.

VIII

Cette assistance divine allait lui devenir plus nécessaire que jamais. Les signes avant-coureurs d'une perturbation prochaine se multiplièrent. Dans le congrès de Paris, ouvert à la suite de la guerre de Crimée, les ministres de France, de Sardaigne et d'Angleterre, formulèrent contre le gouvernement du Pape des attaques que l'on rendit publiques. Elles n'eurent aucune suite officielle, mais le signal était donné.

M. de Cavour, ministre du Piémont, avait déploré le sort des Romagnes, livrées, disait-il, à l'arbitraire, privées d'ordre et de liberté. Pour répondre à cet avocat officieux du malheur de son peuple, Pie IX entreprit un voyage dans les provinces dont la situation paraissait si misérable et les vœux si mal écoutés. Il appela autour de lui les principaux du pays, surtout les mécontents. Quelques-uns, M. le marquis Pepoli entre autres, avaient été comblés de ses bienfaits. Il leur demanda ce qu'ils voulaient. Ce qu'ils voulaient, ils ne pouvaient le dire! Ils protestèrent de leur fidélité et joignirent leurs acclamations menteuses aux sincères témoignages de l'attachement populaire. Pie IX examina toutes choses, alla au fond des vrais besoins et y pourvut suivant les élans de sa générosité naturelle, c'est-à-dire en dépassant de beaucoup les moyens réguliers de l'État. Mais il s'agissait bien des vrais besoins et des vrais sentiments du vrai peuple!

En France, en Angleterre, en Italie, bientôt dans toute l'Europe, la presse révolutionnaire redoubla de calomnies contre le gouvernement pontifical. Le bruit couvrit les bienfaits du prince et la voix reconnaissante des sujets. Alors fut inventée la célèbre infortune des Mortara. Conformément à loi de l'Église et de l'État pontifical, un enfant né juif avait été retiré de la maison paternelle, parce que, baptisé en péril de mort, il appartenait à Jésus-Christ. L'enfant, recueilli à Rome, était élevé aux frais du Saint-Père, séparé de sa famille, mais non séquestré, et ses parents le pouvaient voir autant qu'ils voulaient. Cette application de la loi parut un trait de cruauté, une injure à l'esprit généreux du siècle, un crime contre nature, et la preuve enfin que le gouvernement pontifical doit être balayé du monde comme la dernière souillure qui reste encore des âges de barbarie. La clameur ou plutôt le rugissement devint universel. La diplomatie s'unit au concert des journaux; l'Angleterre, les États-Unis, la Russie adressèrent des notes à Pie IX, pour lui apprendre l'humanité! En France, un employé de la Cour fit un mélodrame dans le même dessein. Cette comédie de larmes dura six mois et ne finit que par l'excès de la fatigue, non par l'excès du ridicule. Elle anima l'opinion jusqu'à la guerre d'Italie.

La présence d'une force française dans Rome a été une protection toujours efficace contre les factieux, mais en même temps toujours incertaine. Sans cesse on a parlé de la restreindre, souvent de la supprimer. D'un autre côté, les causes extérieures du désordre demeurant les mêmes, le Pape a dû se résigner à former une armée qui pût imposer aux séditieux quand la France se retirerait. C'est un grand malheur pour le Pape, et une grande humiliation pour l'Europe, que le vicaire de Jésus-Christ soit contraint d'avoir une armée. Chez le prince de la paix, une force de police devrait suffire. A qui veut-il faire la guerre? Mais puisqu'enfin la nécessité commande, et qu'il ne dépend en aucune manière du Souverain d'en éloigner les causes décisives, qui ne sont ni en son peuple, ni en lui, une armée fut créée et portée à près de vingt mille hommes, tous volontaires; car le Pape ne consent point à établir la conscription. Cette troupe, instruite et disciplinée à la française, garantissait parfaitement l'ordre intérieur. Deux régiments avaient su promptement reprendre Pérouse, enlevée par un coup de main révolutionnaire. On sait comment, attaquée sans déclaration de guerre, écrasée par le nombre, l'armée pontificale a glorieusement péri dans le guet-apens de Castelfidardo. Il est moins connu que les prisonniers *italiens* de Castelfidardo, soumis pendant deux mois aux obsessions du vainqueur, successivement tentés par l'appât d'une récompense ou par la menace d'une interminable captivité, sont restés fidèles à leur souverain et servent encore aujourd'hui la plupart sous ses drapeaux.

Non moins que l'agression de Castelfidardo, les autres conséquences de la guerre d'Italie, en ce qui regarde le Pape, continuent d'étonner la conscience publique. Malgré sa neutralité déclarée et admise, malgré la proclamation de l'Empereur des Français qui lui garantissait l'entière conservation de son patrimoine, le Saint-Père a été dépouillé des Romagnes et de l'Ombrie, ses plus riches provinces; dépouillé non par la France victorieuse, mais par le Piémont qu'elle protégeait. Nous ne cherchons pas à expliquer comment le Piémont a pu commettre impunément ce crime, plus grand que beaucoup d'autres; les mystères n'en sont pas encore livrés au jugement public. Au reste, le fait n'est pas consommé. Le dernier mot n'est pas dit, ou s'il est dit, c'est par Pie IX; et le dernier mot de Pie IX fait augurer quel sera le dernier mot de Dieu, qui s'inquiétera peu de parler comme les vainqueurs d'aujourd'hui. Les inventeurs du « droit nouveau » montrent eux-mêmes qu'ils ne le jugent pas suffisant pour garder ce qu'il permet si bien de prendre. On presse le Pape de consacrer lui-même la spoliation dont il est victime. *Non possumus!* Or, quand le Pape a dit : Je ne peux pas, toujours Dieu a dit : Je ne veux pas.

Sa Majesté le Roi de Piémont, avant et depuis sa promotion à la royauté d'Italie, a personnellement connu la vigueur des refus de Pie IX. Voici deux pièces officielles qui sont en même temps de grands traits de caractère et de grandes pages d'histoire.

En 1859, après ce que l'on a appelé le soulèvement des Romagnes, mais avant le prétendu vote par lequel ces provinces se sont données au roi de Piémont, il fut grandement question d'assembler un congrès pour le règlement des affaires d'Italie. Pie IX, consentant à ce congrès, écrivit de sa main au roi de Piémont pour l'engager à s'y porter le défenseur des droits du Saint-Siége. Un peu surpris de recevoir une pareille mission, Victor-Emmanuel crut l'occasion opportune pour proposer au Pape d'entrer en arrangement avec lui.

On ne disait pas encore, en ce temps-là : *Rome ou la mort!* Le roi, écrivant au Pape, lui demandait seulement les Légations, qui se trouvaient, disait-il, très-heureuses, et qui devenaient très-chrétiennes depuis qu'elles n'obéissaient plus au chef de l'Église. Il pensait même que, vu le bonheur éclatant de ces provinces insurgées, le Pape voudrait peut-être lui remettre encore, à un titre quelconque, les Marches et l'Ombrie, afin de leur ménager la même prospérité.

Dans cette lettre, véritablement trop peu digne de la gravité royale, le monarque agrandi ne manquait pas d'étaler ses sentiments religieux : « Fils dévoué de l'Église, « descendant d'une race très-pieuse, comme « Votre Sainteté le sait bien, j'ai toujours « nourri des sentiments de sincère attache- « ment, de vénération et de respect envers « la sainte Église et son auguste chef. Ja- « mais il ne fut et il n'est dans mon inten-

« tion de manquer à mes devoirs de prince « catholique, et d'amoindrir, pour ce qui « dépend de moi, les droits et l'autorité que « le Saint-Siége exerce sur la terre en vertu « du divin mandat du ciel. » Il terminait ces « *réflexions* dictées par un cœur sincère et tout dévoué à la personne du vicaire de Jésus-Christ » en exprimant l'espérance que le Pape « voudrait bien lui accorder sa sainte bénédiction ».

Le roi reçut, courrier par courrier, la réponse suivante :

« L'idée que Votre Majesté a songé à « m'exposer est une idée imprudente, indi« gne assurément d'un roi catholique et « d'un prince de la maison de Savoie. Ma « réponse est déjà sur le point de paraître « imprimée dans l'encyclique aux évêques « catholiques, où vous pourrez la lire.

« Du reste, je suis affligé, non pour moi,

« mais pour la malheureuse situation de
« l'âme de Votre Majesté, car elle est déjà
« sous le coup des censures et de celles qui
« suivront encore lorsque vous aurez consommé l'acte sacrilége que vous et les
« vôtres avez l'intention d'accomplir.

« Je prie le Seigneur du fond de mon cœur
« afin qu'il vous éclaire et vous fasse la
« grâce de connaître et de pleurer les scandales qui ont eu lieu, et les maux affreux
« qui ont frappé la pauvre Italie avec votre
« coopération.

« PIE PP. IX. »

Du Vatican, 14 février 1860.

Le roi de Piémont ne sut pas garder le silence. Le 20 mars suivant, il écrivit de nouveau au Saint-Père. Il avait *acquis* les Romagnes par le moyen du suffrage universel, combiné avec ses baïonnettes et nourri d'une somme de quatre millions, ainsi que cela vient d'être avoué en parlement italien. Sans entrer dans ces détails, le roi notifiait l'annexion comme une inspiration du patriotisme le plus pur. — En acceptant le vœu si légitime des peuples, disait-il, « prince catholique, je ne crois pas manquer « aux principes immuables de la Religion « que je me fais gloire de professer avec un « dévouement filial et inaltérable. » Néanmoins, « dans l'intérêt de la paix », il offrait toujours de « rendre hommage à la souveraineté suprême du Saint-Siége, de diminuer ses charges et de concourir à son indépendance et à sa sécurité. » Et il priait humblement S. S. de lui accorder la bénédiction apostolique.

La réponse du Pape fut prompte. On y sent la fierté d'un cœur royal et l'indignation d'une âme généreuse; elle résume admirablement toute l'histoire de l'annexion, tous les sophismes diplomatiques et toute la vérité que le Saint-Siége leur oppose au nom du devoir et au nom du droit :

« Les événements qui se sont produits « dans quelques provinces de l'État de l'É- « glise imposaient à V. M., comme elle m'é- « crit, le devoir de me rendre compte de sa « conduite quant à ces événements. Je pour- « rais me borner à combattre certaines as- « sertions qui sont contenues dans sa lettre « et dire, par exemple, que l'occupation « étrangère dans les Légations était depuis « longtemps circonscrite à la ville de Bolo- « gne, laquelle n'a jamais fait partie de la « Romagne. Je pourrais dire que le pré- « tendu suffrage universel fut imposé et ne « fut pas volontaire ; je m'abstiens d'ail- « leurs de demander l'avis de Votre Majesté

« sur le suffrage universel, comme aussi de « dire quelle est mon opinion sur ce suf- « frage. Je pourrais dire que les troupes « pontificales ont été empêchées de rétablir « le gouvernement légitime dans les pro- « vinces soulevées pour des motifs qui sont « également connus de Votre Majesté. Je « pourrais m'appesantir sur ces considéra- « tions et sur d'autres. Mais ce qui surtout « m'impose le devoir de ne pas adhérer aux « pensées de Votre Majesté, c'est de voir « l'immoralité toujours croissante dans ces « provinces et les insultes qui y sont faites « à la religion et à ses ministres. Bien plus, « quand même je ne serais pas tenu par « des serments solennels à maintenir in- « tact le patrimoine de l'Église, serments « qui me défendent de me prêter à toute « tentative ayant pour but de diminuer « l'extension de ce patrimoine, je me ver- « rais obligé de repousser tout projet fait

« en ce sens, afin de ne pas souiller ma « conscience par une adhésion qui me con- « duirait à donner ma sanction et à parti- « ciper indirectement à ces désordres, et à « concourir à rien moins qu'à justifier une « spoliation injuste et violente. Du reste, je « ne puis non-seulement faire aucun ac- « cueil bienveillant aux projets de Votre « Majesté, mais je proteste au contraire « contre l'usurpation qui s'opère au détri- « ment de l'Etat de l'Eglise et qui laisse « sur la conscience de Votre Majesté et de « tout autre coopérateur à cette insigne spo- « liation, les conséquences fatales qui en « découlent. Je suis persuadé que Votre Ma- « jesté, en relisant avec un esprit plus tran- « quille, moins prévenu et plus instruit « des faits, la lettre qu'elle m'adresse, y « trouvera de nombreux motifs de repen- « tir.

« Je prie Dieu de donner à Votre Majest

« les grâces dont elle a surtout besoin dans
« les circonstances difficiles du moment.

« PIE PP. IX. »

Du Vatican, 2 avril 1860.

Cette fois le roi de Piémont se le tint pour dit et ne répliqua point ; ou plutôt la réplique du roi de Piémont fut le guet-apens de Castelfidardo, six mois plus tard. Par sa victoire de Castelfidardo, l'acquéreur des Romagnes devint conquérant. Il eut les Marches et l'Ombrie. Le monde a vu depuis et on voit encore les deux attitudes, celle du vainqueur et celle du vaincu : il sait où est l'honneur, où est la force, où est la vraie victoire.

X

Plusieurs des principales qualités qui passent pour nécessaires aux maîtres de la politique humaine, la dissimulation, le dédain de la justice, l'impitoyable ardeur de dominer, le mépris des hommes enfin, manquent à Pie IX ; la nature l'en éloigne autant que la foi. Il a des devoirs envers le ciel et envers la terre, il les connaît et il les remplit. Il doit, au péril de son trône et de sa vie, soutenir les droits de l'Église et l'honneur de Dieu : il souffrira l'exil, et s'il le faut la mort, pour que l'honneur de Dieu soit sauf et que les droits de l'Église soient maintenus. « Seigneur, s'écriait David, que ceux qui espèrent en vous ne rougissent pas de moi[1] ! » C'est la prière de Pie IX. Il n'est pas chargé de procurer le triomphe de la vérité méconnue, il est chargé de confesser cette vérité jusqu'à la mort ; car c'est par là qu'au temps fixé de Dieu elle surgit vivante du tombeau de ses martyrs. Pie IX disait un jour : « Je n'ai aucun embarras : on s'est acculé à ne me demander plus que des choses également contraires à l'honneur humain et à la foi chrétienne : il est trop aisé de dire non. » A toutes les suggestions, il a répondu : Non ! A toutes les menaces, il a répondu : Faites ! Et avec ces deux mots seulement, il a lié aux portes de Rome les flots montants de la Révolution. Pourquoi ne passent-ils pas ? Pourquoi le Vatican n'est-il pas submergé ? Après Castelfidardo, c'était si facile ; et aujourd'hui encore, l'*opinion*

1. *Ps.*, LXVIII, 7.

demande si fidèlement qu'on en finisse ! Mais l'opinion ne peut pas tout. La constance de Pie IX, cette constance qui ne fléchit pas quand l'espérance semble perdue, a donné à la raison le temps de comprendre, à la conscience le temps de parler : elles ont ensemble, autour du Saint-Siége, élevé un rempart désormais inexpugnable, du moins pour le Piémont. En refusant d'abdiquer son droit, le juste désarmé s'est montré non-seulement plus grand, mais il est devenu plus fort que ses adversaires. Il a rallié autour de lui une force qui semblait n'exister plus ici-bas, l'amour. Il est aimé; il donne au genre humain le spectacle salutaire d'un chef de peuple en qui la conscience peut se reposer parfaitement, qui ne dit rien que de vrai, qui ne veut rien que de juste, qui rend pleinement raison de ses actes, et qui, sans autre ressource, par la seule majesté de sa couronne et la seule vertu de son cœur, dompte toute violence et déjoue toute supercherie.

Cependant, s'il dédaigne les menées de la politique humaine, Pie IX n'est pas sans moyens personnels de défense, et même d'attaque, contre ses ennemis. Outre cette armure du droit, de la justice et de l'honneur, que nulle contrainte ni nulle feinte n'a pu lui faire déposer, il possède, à un degré rare, la perspicacité, la patience, la vigilance, la décision. Il ne hait point les hommes, il ne les méprise pas, mais il les connaît. Lorsque son œil pénétrant et calme a saisi la fraude, il est en garde pour toujours, et dès lors, les avantages du secret ne sont plus d'aucune utilité contre lui. Deux clefs lui ouvrent tôt ou tard tous les secrets ; dans ses mains, la patience ; dans les mains de son adversaire, la passion. Les conspirateurs de 1848, M. de Cavour, d'autres rusés ne l'ont pas trompé longtemps. Il a sondé leurs combinaisons les plus enveloppées, et sauf peut-être certains coups de scélératesse qu'un homme de bien ne saurait prévoir, rien ne l'a surpris.

Il n'a craint ni de se taire, ni de parler, et sa voix loyale s'est toujours élevée à propos pour condamner l'erreur ou pour démasquer la fourbe. Devant les sophistes de la Révolution, il sut proclamer les vérités qui pouvaient le rendre impopulaire; plus tard, sous la main d'une autre force, persécuté par les notes diplomatiques ou par les brochures autorisées, il a parlé avec non moins de franchise, bravant la colère de ses contradicteurs embarrassés. Il n'a pas dédaigné d'écraser directement certains serpents qui comptaient trop sur leur souplesse, le charme de leur robe et les qualités de leur venin. Ainsi périt au pied du Trône pontifical ce fameux écrit anonyme, *le Pape et le Congrès*, où toute l'Europe avait cru voir le programme des événements futurs. L'auteur, sans se vanter de descendre d'une race très-pieuse, se faisait plus catholique encore que le roi de Piémont ; rien ne semblait si habile. Le Pape crut bon d'en dire deux mots : il les adressa au général en chef de l'armée française, qui lui adressait officiellement ses compliments de bonne année. « C'est, dit-il, quelque chose de bien misérable que cet écrit-là, un tissu honteux de contradictions, un insigne monument d'hypocrisie. » La trame, s'il y en avait une, fut déchirée du coup, et toute l'habileté du pamphlet se trouva n'avoir gagné que cette épitaphe immortelle.

Pie IX a pris soin d'écrire en quelque sorte lui-même, au jour le jour, toute l'histoire politique de son pontificat. Rien n'est reste sans un éclaircissement public, irréfutable aux yeux de l'histoire; il n'a pas permis que le mensonge pût abuser la postérité. Les pièces émanées de lui directement ont l'éloquence de son caractère formé de force et de tendresse, et où vibre toujours un essor contenu. Dans une de ses proclamations aux Romains, lorsque la sédition le poussait au Calvaire, il s'écriait : « *Popule meus, quid feci tibi?* Mon peuple, mon peuple, que t'ai-je fait? » A Gaëte, voyant Rome au pouvoir des mazziniens : « O « Rome ! Rome ! Dieu m'en est témoin, chaque jour j'élève ma voix vers le Seigneur, « et prosterné, je le prie ardemment de « faire cesser le fléau qui te désole et qui, « chaque jour, s'aggrave sur toi. Je le prie « d'arrêter les suggestions des doctrines « perverses et d'éloigner de tes murs et de « tout l'État les parleurs politiques qui « abusent du nom du peuple. » Une autre fois, il emploie la parole même du Christ pour confondre la tortueuse habileté qui ose lui imputer des pensées qu'il n'a point : « *J'ai parlé publiquement au monde ; je n'ai jamais rien dit en secret !* »

Cette éloquence lui est naturelle. Elle coule de source, prompte, abondante, forte et toujours simple, dans les fréquentes occasions qu'il a de parler en public. A Rome, toutes les mémoires sont remplies de ces brefs discours, frappés comme des médailles. Il y a un an, après l'office du jour de Noël, qui se célèbre à Saint-Jean de Latran, le cardinal doyen se présenta devant le Saint-Père et lui offrit les vœux du Sacré Collége. C'était un moment d'alarmes, un de ces moments que l'on ne compte plus, où l'ennemi semble sur le point de faire un dernier et victorieux effort. Pie IX, dans sa réponse, accentua très-énergiquement le triomphe infaillible de l'Église.

Étendant la main du côté de la grande arène des martyrs, voisine de l'auguste basilique : « Cet amphithéâtre, dit-il, ce « colisée, qui est près d'ici, fut dans les « premiers siècles de l'Église comme un « calice qui reçut le sang des héros chré- « tiens : il est aujourd'hui comme la « coupe qui reçoit nos larmes. Ce sang et « ces larmes crient vers le ciel ; ils touche- « ront le cœur de Dieu en faveur de l'É- « glise. » S'adressant après aux officiers pontificaux, dont il venait d'accueillir les hommages, il leur dit : « Je connais votre « dévouement, je sais que vous n'auriez « pas mieux demandé que de m'en donner « des preuves. Ce moment peut venir, et je « compte sur votre bonne volonté. Assurez- « vous comme je le suis moi-même que les « desseins des ennemis de la sainte Église « ne prévaudront pas. C'est en la dépoui- « lant de son autorité temporelle qu'ils ont

« espéré la détruire. Et moi j'ai la certitude « que cette autorité même lui sera rendue, « et que le Saint-Siége rentrera dans toutes « ses possessions. Il se peut que je cesse « de vivre avant que de voir cette justice, « mais qu'importe? Simon, fils de Jean, « est sujet à la mort ; Pierre ne meurt pas. » Cette pensée lui est habituelle. Il disait un autre jour, dans l'intimité : « Dieu est là, « qui soutient son vicaire et qui l'empêche « de faiblir. Il peut le laisser chasser, mais « pour montrer qu'il peut le ramener. J'ai « été chassé, je suis revenu. Si je suis « chassé encore, je reviendrai encore; et si « je meurs... Eh bien, si je meurs, Pierre « ressuscitera ! »

La foi est le trait dominant de cette physionomie où se réunissent toutes les beautés morales. Un prélat de la cour romaine, qui a le bonheur d'approcher le Saint-Père depuis longtemps, disait : « Il est doué

« d'une foi absolue. On ne peut rien ima-
« giner au delà de cette plénitude ; il n'y a
« point d'ombre, point de limite, point
« d'ébranlement possible. C'est le roc, c'est
« l'absolu. » Un jour, dans un de ces entretiens qu'il accorde si libéralement aux plus obscurs fidèles, Pie IX décrivit lui-même un des caractères de sa foi. Il se laissa aller à raconter qu'il avait reçu connaissance d'un certain nombre de révélations que des âmes pieuses auraient eues à son sujet et auxquelles il n'attacha jamais beaucoup d'importance. « Une seule, ajou-
« ta-t-il, m'a frappé. Au commencement de
« mon pontificat, quelque bonne dévote
« m'écrivit que Notre-Seigneur m'avait
« montré à elle sous la forme d'un petit
« enfant, confiant et docile, qu'il tenait
« dans sa main. Si ce fut une vision véri-
« table ou une simple imagination, je
« l'ignore; mais j'ai été touché de cette

« image; je me la rappelle toujours, et je « désire être ce petit enfant dans la main « de Notre-Seigneur ; un enfant confiant et « docile, que l'on prend, que l'on mène, « que l'on laisse, qui attend, qui trouve « juste et bon tout ce qu'ordonne son père, « et qui obéit. » En parlant ainsi, Pie IX promenait sa main étendue, et ses regards et son sourire semblaient contempler vivante la gracieuse image qu'il décrivait.

La conversation de Pie IX est la plus attrayante que l'on puisse imaginer. Ce n'est pas une exagération de dire que le monde entier en a joui, et le monde en rend témoignage. Prodigue de bienfaits, il trouve surtout le secret de se prodiguer lui-même. Depuis seize ans, Pie IX a accueilli une foule innombrable d'individus de tout pays, de tout âge, de toute condition, les a écoutés, s'est entretenu avec eux et les a laissés ravis et embaumés de sa douceur. Cette patience qui écoute tout, cette intelligence qui entend tout, cette charité qui s'incline à tout, sont servies par une mémoire qui n'oublie ni un incident, ni un visage. Il s'est souvenu du pauvre, du mendiant, de l'esclave, et il les a consolés. Sur le trône, il a reconnu les moindres amis de sa jeunesse. Des fidèles de la plus humble condition, ayant eu le bonheur de reparaître à ses pieds après un long intervalle, l'ont entendu reprendre l'entretien où ils l'avaient laissé dix années auparavant ; ils ont eu la joie exquise de reconnaître en lui ce délicat et profond caractère de la bonté qui s'attache davantage à ceux pour qui elle a déjà beaucoup fait.

La bonté, c'est le fond de cette âme magnanime. Elle est bonne, sereine, et, ce qui peut surprendre, elle est enjouée. Mais ne faudrait-il pas s'étonner au contraire que tant d'application au bien, une foi si vive, une charité si pressante et une si continuelle assistance de Dieu dans la permanence des périls, ne fussent pas récompensés par ce don de la tranquillité intérieure d'où rayonne doucement la sainte joie? Sa gravité est aisément souriante, aisément attendrie. Il parle des hommes sans amertume, évitant autant qu'il le peut de nommer ses ennemis. Lorsqu'il se défend contre eux, il y a de la compassion dans son langage. Au fond de l'acte mauvais, il voit la terrible responsabilité du pécheur ; on sent qu'il voudrait absoudre.

Cette douceur peut faire place à la sévérité du prince, du docteur et du juge. Les petits l'ignorent, quelquefois les grands l'ont appris. On a vu quelquefois des hommes constitués en dignité sortir terrifiés d'auprès de ce roi débonnaire ; d'autres, formidablement repris par ses lettres, ont eu le bonheur d'en profiter mieux que le roi de Piémont. Cependant de telles rigueurs sont rares, il faut qu'elles deviennent nécessaires. La bonté est constante et déborde. Envers les humbles et les pauvres, elle va jusqu'à la prévenance et jusqu'à la complaisance. *Pater pauperum*, c'est un des noms de Jésus. Une esclave noire, de la Nouvelle-Orléans, amenée à Rome par ses maîtres, avait grand désir de se trouver sur le passage du Pape pour recevoir sa bénédiction. Le Pape en fut informé, et s'en souvint. Il fit envoyer à cette pauvre fille une lettre d'audience. C'était la veille de Pâques ; une foule magnifique encombrait l'antichambre. Pie IX fit d'abord appeler la négresse. — « Ma fille, lui dit-il, beaucoup de gens sont là qui attendent, mais j'ai voulu vous voir la première. Vous êtes bien petite et infime aux yeux du monde ; vous pouvez être très-grande aux yeux de Dieu. » Il l'entretint longtemps, la fit causer, lui demanda si elle avait des peines. — « Des peines, répondit-elle, j'en ai beaucoup; mais depuis que je suis confirmée, j'ai appris à les accepter comme la volonté de Dieu. » Il l'exhorta à persévérer dans cet amour de Dieu, et enfin il lui donna sa bénédiction, bénissant en même temps tous ses frères de servitude. Elle se retira fière et contente.

Que d'actes semblables dans la vie de Pie IX! On les compte par centaines et l'on ne sait pas tout. La plupart des hôpitaux de Rome l'ont vu au lit des infirmes, faisant les fonctions d'un simple prêtre, mais d'un prêtre plein de zèle pour les âmes. A l'époque du choléra, il reçut la confession et le dernier soupir d'un pauvre que personne n'assistait, tant le nombre des malades était grand. Dans ses promenades, seule distraction qu'il s'accorde (et encore ont-elles souvent un but de charité), il arrête les enfants, les interroge sur le catéchisme, s'informe des besoins de leur famille. Ses aumônes dépassent ce que l'on peut imaginer. Depuis son élévation au pontificat, en 1846, jusqu'à l'année 1857, en onze ans, il avait dépensé en œuvres de piété et de charité, un million cinq cent mille écus romains, somme qui paraîtra fabuleuse si l'on considère la médiocrité de ses ressources privées, qui sont de 4,200 écus par an, environ 25 mille francs [1]. Mais la majeure partie de cette somme avait été rapportée de Gaëte, où affluaient les offrandes de la chrétienté. Cependant, même pour cet usage, le Pape n'accepte pas sans regarder aux desseins et aux sources. La politique lui a offert de l'argent; il l'a refusé. Il y a quelques années, un homme fort riche légua

1. C'est ce qui reste au Pape personnellement sur les trois millions qu'il touche et qui servent à l'entretien des palais apostoliques, au traitement des nonces, cardinaux, etc.

environ 5 millions, *all' anima sua*, à son âme, c'est-à-dire en fondations de messes. Cet homme était mal famé. Le Pape laissa plaider contre le testament. « C'était un usurier, dit-il. L'Église ne doit pas être souillée de ses dons, il eût été mieux de tout distribuer aux pauvres. »

Sa charité a des traits de prince. Peu de temps après son retour de Gaëte, la reine d'Espagne lui envoya une tiare évaluée à 50,000 écus. Il garda le cadeau royal, mais il en fit immédiatement distribuer le prix en aumônes, remèdes et secours de toutes sortes. On pourrait dire de Pie IX qu'il a la fierté et la générosité d'un gentilhomme, s'il n'y avait au-dessus la fierté et la générosité du prêtre et du saint.

Dans l'entretien familier, il est vif, soudain, plein de répartie, d'un esprit toujours aimable et présent. Il a des mots qui caractérisent et qui sont des portraits, des avertissements doux, des remarques fines qui mettent les hommes à leur place et les choses dans leur jour. Un général français, un peu emphatique, remplissait Rome de tapage militaire. Le Pape le fit appeler. — « Monsieur le général, lui dit-il, votre empereur a dit ces belles paroles : *L'Empire, c'est la paix*. Eh bien ! les Papes aiment la paix, et ils vont partout disant à chacun : *Pax vobis.* » Il disait dernièrement à des puseystes anglais : « Ne soyez plus comme les cloches qui appellent le monde à l'église, et qui n'y entrent pas. » Lorsqu'on le prie d'écrire quelques mots sur une image, un livre, importunités incessantes qui le trouvent infatigable, il rencontre toujours heureusement, et lorsqu'il le faut, hardiment. Ces jours-ci le Prince royal de Prusse lui demanda un souvenir de ce genre, en lui offrant une image de l'enfant Jésus : Le Saint-Père écrivit : *Illuminare his, qui in tenebris... sedent.* (Luc. I, 79.) Un jour on lui présenta son buste. Sur le marbre, il traça ces mots que l'esprit du Seigneur adressa au prophète Ézéchiel : *Frontem tuam duriorem frontibus eorum* (III, 8).

A Ravenne, il rendit, comme tout bon Italien, sa visite au mausolée du Dante, et sur le livre, où l'on désirait garder sa signature, il laissa en souriant cette terzine de la *Divina Comedia* :

Non è il mondan romore, altro che un fiato
Di vento, ch'or vien quinci, or vièn quindi,
E muta nome, perchè muta lato [1].

1. L'opinion du monde n'est rien qu'une bouffée de vent qui tantôt vient d'ici, tantôt de là, et qui change de nom parce qu'elle change de côté. (*Purgatorio*, c. XI.

X

La journée du Pape commence à six heures. Aussitôt habillé, il fait une visite au Saint Sacrement, et se prépare à célébrer la sainte messe. Il entend une seconde messe, en action de grâces, dite par un prêtre de sa maison. Il donne ensuite audience au cardinal Secrétaire d'Etat pour les affaires publiques, et au Majordome pour celles du palais. Il lit les nombreuses lettres qui lui sont adressées, et les remet à un secrétaire avec ses instructions. Pendant ce travail du matin, il fait une légère collation, un peu de pain, un mélange de chocolat et de café, un verre d'eau. A dix heures, commencent les audiences proprement dites ; elles durent ordinairement jusqu'au dîner, à deux heures. Ce dîner est d'une simplicité extrême. Au Vatican, le Pape mange toujours seul. La dépense de sa table est d'*un écu* (5 f. 35 c.) par jour. A trois heures, il monte en voiture et se fait ordinairement conduire hors des portes, où il peut prendre un peu d'exercice. Parfois il va visiter un monastère, consoler par sa présence les saintes recluses auxquelles il demande de prier pour lui, spécialement lorsqu'il sent davantage le besoin d'être éclairé. Il ne décide rien de grave sans avoir fait beaucoup prier. Sa promenade est un temps de réflexion aussi bien que de récréation. Entre cinq et six heures il est de retour, les audiences recommencent. Elles se prolongent jusqu'à neuf et dix heures de la nuit, souvent plus loin. Alors le Pape récite son office, prie encore, et, se retirant dans une humble chambre carrelée sans feu [1], sans meubles, va enfin prendre son repos. Son repos! Il a travaillé, consolé, rassuré, tout le jour : plus d'une fois, on l'a entendu prier et gémir le reste de la nuit. Un de ses camériers s'étant une fois enhardi à le féliciter de sa sérénité qui rassure tout le monde : — *Pero*, dit profondément le Saint-Père, *non sono di legno! ma...* [2] Et levant les yeux au ciel, il éteignit dans un sourire cette demi-plainte, ou plutôt cet aveu des déchirements de son cœur. Néanmoins, son âme ferme et à qui Dieu est toujours présent, lui permet ce repos des forts, qui savent dormir au milieu de la tempête pour la contempler d'un

1. Il n'y a point de feu dans l'appartement particulier du Pape. Un jour d'hiver, il y a quelques années, le froid fut si vif que le Saint-Père n'y put tenir. Il sortit de son cabinet et vint un instant au *brasero* de l'antichambre, avec ses camériers.

2. Pourtant, je ne suis point de bois, mais.....

œil plus clair et la dompter d'un bras plus affermi. »

Outre les audiences dites extraordinaires (qui deviennent habituelles et quotidiennes), un jour de chaque semaine est assigné pour une classe déterminée d'affaires qui réclament l'attention continuelle du Souverain Pontife. Dans le courant du mois et même de la semaine, tous les services généraux de l'Eglise et tous les services particuliers de l'Etat sont inspectés et dirigés [1].

[1] Voici le tableau des audiences fixes :

LUNDI

Matin. — Cardinal secrétaire des Mémoriaux; Ministre des Armes. Premier lundi du mois : Président de l'Académie des nobles Ecclésiastiques; Secrétaire de la Congrégation de la discipline Régulière (a encore audience le troisième lundi). Second lundi : Promoteur de la Foi. Quatrième lundi : Avocat des pauvres.

Soir. — Cardinal Préfet de la Signature; Secrétaire de la Congrégation du Concile; Econome de la Fabrique de Saint-Pierre; Secrétaire des Brefs aux Princes.

MARDI

Matin. — Cardinal secrétaire des Brefs; Cardinal

Le Saint-Père voit en outre quotidiennement le secrétaire d'Etat ou son substi-

Pro-Dataire. Premier et troisième mardi : Cardinal visiteur de l'hospice Saint-Michel ; Grand-Aumônier ; Père maître du Sacré-Palais.

Soir. — Commandeur de *Santo-Spirito.* Second mardi : Président de la Consulte, l'un des principaux tribunaux de Rome.

MERCREDI

Matin. — Ministre des Travaux Publics ; Ministre de l'Intérieur et de la Police ; Ministre des Finances.

Soir. — Assesseur du Saint-Office ; Secrétaire du Consistoire ; Secrétaire des Affaires Ecclésiastiques ; Secrétaire des Lettres Latines.

JEUDI

Matin. — Congrégation du Saint-Office.

Soir. — Auditeur du Saint-Siége ; Secrétaire des Brefs aux Princes.

VENDREDI

Matin. — Cardinal secrétaire des Brefs ; Cardinal Pro-Dataire ; Cardinal secrétaire des Mémoriaux ; Secrétaire de la Congrégation des Rites.

Soir. — Cardinal Grand-Pénitencier ; Secrétaire de a Congrégation des Evêques et Réguliers.

SAMEDI

Matin. — Ministre de l'Intérieur : Ministre des Finances.

Soir. — Cardinal vicaire ; Secrétaire des Lettres

tut[1]. Il est, de plus, informé par ses camériers intimes, choisis à dessein divers de caractère, d'aptitude et de nation, en relation par leur origine avec ce qu'il y a de plus élevé dans le monde européen, tous prêtres pleins de zèle et occupés d'œuvres importantes, véritables aides de camp de sa charité. C'est un besoin pour quiconque a eu affaire aux personnes de l'entourage du Saint-Père d'exprimer un sentiment de reconnaissance et de respect. Où trouver plus de dignité, plus d'aménité et en même temps plus de loyauté que dans cette cour pontificale, resplendissante de toutes les vertus chrétiennes ?

Latines. Troisième samedi : Secrétaire de la Visite Apostolique.

DIMANCHE

Soir. — Secrétaire de la Propagande ; Auditeur du Saint-Siége ; Secrétaire des Etudes.

1. Mgr Berardi, archevêque de Nicée ; pieux, laborieux, dévoué, d'une rare instruction, d'une simplicité égale à son mérite ; l'un de ces hommes que le cœur ni l'esprit n'oublient jamais.

Pie IX sait choisir les hommes, et l'on retrouve en ceux qui l'approchent, jusque dans les moindres emplois, quelque chose des traits que l'on admire en lui. Si l'on ajoute cette multitude de visiteurs, prélats, simples prêtres, particuliers de tous pays et de toute condition, hommes d'Etat, hommes du monde, pauvres pèlerins venus à pied, qui affluent sans cesse au Vatican et qui sont reçus par une bonté sans mesure, on dira que nul souverain et peut-être nul homme n'est aussi occupé que Pie IX, et n'a sujet de se croire plus parfaitement instruit des besoins, des vœux, des sentiments et des erreurs du monde.

XI

Dans une intelligence si élevée, cette connaissance unie aux lumières supérieures de la foi devait produire ce que le monde contemple avec un accroissement continuel d'amour : je veux dire cette assurance, cette sérénité d'une force invincible au milieu de toutes les apparences et de toutes les réalités de la faiblesse matérielle. Pie IX n'ignore pas ce que peuvent ses ennemis, mais il n'ignore pas non plus la place qu'il tient lui-même dans le monde. Il a posé la main sur le cœur de l'humanité, il en a discerné les battements, et il sait, si l'on peut ainsi parler, que Dieu n'est pas, tant s'en faut, tout seul avec lui. Il a souffert, il s'attend à souffrir, il compte sur la victoire, il y a toujours compté.

Le lendemain de Castelfidardo, il donnait aux débris de son armée assassinée, une médaille commémorative de sa défaite ; et nulle décoration militaire n'est portée avec plus de fierté. Quelle inscription a-t-il gravée sur ce mémorial de désastre? Une parole que saint Jean écrivait au temps de Claude : *Victoria quæ vincit mundum, fides nostra.* Ce sont là de ces idées pontificales, comme disait un diplomate français, qui échappent à la discussion, — et qu'il plaît à Dieu, depuis dix-huit siècles, de soustraire à la réfutation. La foi du Pontife voit sans alarmes l'étonnement des diplomates, et il poursuit sa marche tranquille à travers leurs colères et leurs conseils effrayés.

Mais Pie IX, plaçant en Dieu son espérance, fait cet honneur à la conscience et à la raison humaine d'attendre quelque chose aussi de leur côté. Après avoir bu jusqu'aux dernières lies de l'aveuglement, de l'ingratitude et du mensonge, et quand la coupe vingt fois vidée est toujours pleine jusqu'aux bords, il n'a pas désespéré de l'espèce humaine ; il n'a voulu douter ni de la foi, ni de l'amour, ni de l'honneur, ni même du bon sens. Il a frappé à ces portes closes, obstruées et gardées. Il a demandé des prières, il a demandé des bras, il a demandé des aumônes, et il a obtenu ce qu'il demandait. Tant que ses besoins dureront, il demandera et il obtiendra. Il a seul les paroles auxquelles répondent encore les cœurs.

Il vient d'en faire une expérience dont le succès, espéré de lui seul, est aussi honorable pour la société moderne que glorieux pour le ferme esprit qui l'avait prévu. C'est le grand acte de la canonisation des martyrs du Japon, auxquels se trouvait adjoint un religieux obscur de l'Espagne, un héros purement théologique, dépourvu même de cette auréole du sang versé, encore brillante à des regards qui ne voient plus rien hors des choses de la terre.

Par vénération, par esprit de foi, par un juste amour de toute vraie et bonne gloire, Pie IX voulait attacher cette bénédiction et cet honneur à son pontificat. Après la définition de l'Immaculée Conception, il ne pouvait rien faire qui s'éloignât davantage des préoccupations du siècle, mais rien non plus qui attestât mieux l'inébranlable foi de l'Église et sa persévérance auguste dans les traditions que l'orgueil rationaliste déclare épuisées. La philosophie et la politique prétendent que le monde ne croit plus aux saints ni au Pape. Pour leur prouver que le monde y croit encore, le Pape conçut la pensée d'appeler le monde entier à la fête, de convoquer les Évêques de la chrétienté et de les avoir ce jour-là autour de lui.

Ce dessein, il faut l'avouer, épouvanta. On disait au Saint-Père : Cela n'est pas possible ; les gouvernements y mettront obstacle, les Évêques ne viendront point. — Et comme la célébration était fixée à six mois, on ajoutait : Dans six mois, le Pape sera-t-il encore à Rome? — Le Pape écouta tout, et ne redouta rien. Il avait considéré ou que les Évêques n'auraient à vaincre aucun obstacle sérieux et se rendraient auprès de leur chef, ou qu'ils seraient arrêtés, et alors le monde saurait clairement où en est la liberté de l'Église. Les Évêques furent donc appelés à Rome, non par un ordre formel, mais par une simple invitation qui leur laissait du côté du Pape toute liberté.

XII

L'événement fit voir avec quelle justesse Pie IX avait apprécié et les cœurs et les situations. Les Évêques arrivèrent de toutes les contrées, de toutes les îles, de tous les lointains. La France, l'Angleterre, l'Espagne, l'Allemagne, la Hollande, l'Amérique, l'Afrique, l'Asie, se rencontrèrent au seuil du Vatican. La Russie elle-même avait relâché quelques évêques et quelques religieux; depuis cent ans peut-être aucun ecclésiastique n'était venu de ces contrées à Rome avec un passe-port moscovite. Enfin, deux nations seulement n'étaient point représentées par leur épiscopat : le Piémont qui emprisonne, et le Portugal qui fait pire;

seul pays où les Evêques craignent moins de désobéir à Dieu qu'aux hommes, seule exception qui ait vraiment affligé le cœur du Père de famille : car les prisonniers du Piémont étaient présents par leurs lettres, leurs voix s'unissaient au concert universel.

Quel spectacle! quel coup de politique inspirée! Le jour de la Pentecôte, il y avait dans la basilique du Prince des Apôtres cinquante mille prêtres et fidèles autour de trois cents évêques. Témoins rassemblés de tous les peuples, et témoins croyables, pour dire à Rome ce que le Pape est dans le monde, pour dire au monde ce que le Pape est dans Rome; pour attester à l'univers ce qu'il en est de la vie déclinante de la Papauté et des vices prétendus de ce gouvernement temporel du souverain prêtre auquel on veut substituer l'arrogance ignorante du sabre et l'insulte du bâton.

Malgré les angoisses de ces temps lugubres et petits, nous étions bien heureux, nous tous qui nous trouvions là! Nous regardions faire une grande chose, une chose voulue, déclarée, préparée, et qui se faisait noblement, dans la forme annoncée, en toute lumière. Le mortel qui est ici-bas par excellence le fils de l'homme et le fils de Dieu, celui par qui le ciel et la terre se réconcilient, posait de ses mains pacifiques, sur le sol délayé, un de ces blocs où s'affermit le pied du genre humain. Nous contemplions de nos yeux, nous pouvions en quelque sorte toucher de nos doigts la grâce de la protection divine. L'acte de foi n'était plus que le cri de l'évidence, l'aveu même de la raison. Plus encore que l'admiration, plus encore que l'amour, dans ce centre du monde menacé par la folie du monde en décomposition, nous goûtions la sécurité.

Parcourant notre Rome et l'embrassant d'un cœur filial, si nous venions à penser qu'on veut nous la ravir, nous éprouvions plutôt un mouvement de sainte colère qu'une impression d'effroi. Nous comprenions le crime immense et l'immense sottise des médiocres larrons qui se targuent d'emporter un pareil butin. Dans le prophète Isaïe, le roi des Assyriens, vainqueur de Samarie par le courroux de Dieu, demande qui l'empêchera d'aller à Jérusalem et de piller le temple : *Numquid, non sicut feci Samariæ et idolis ejus, sic faciam Jerusalem et simulacris ejus?* Dieu répond : « Je « visiterai, dit-il, l'insolence du cœur « d'Assur, et sous sa victoire j'allumerai « un feu qui le consumera. » — Nous allions d'un sanctuaire à un autre. En nous entretenant de l'histoire d'Assur, nous nous informions des lieux où passerait Pie IX, pour nous prosterner devant le fort de Sion. « Non, non, » s'écriait un évêque au sortir de l'audience du Saint-Père, « non, cela n'est pas vrai! Ne croyez pas qu'il existe un Sarde, un Garibaldi, un Ratazzi : il n'y a que des fantômes à qui nous donnons ces noms pour nous faire peur: des fantômes comme les Cavour et tant d'autres qui ont surgi des portes de l'enfer, annonçant qu'ils allaient prévaloir et qui n'ont pas prévalu. Et ceux-ci tout de même : *Non prævalebunt.* Ils font les fiers et ils en ont sujet. L'illusion les caresse, mais encore un peu, encore un moment, Dieu est là. *Adhuc enim paululum modicumque, et consumabitur indignatio et furor meus super scelus eorum.* »

Les fêtes succédaient aux fêtes; fêtes des yeux et du cœur, fêtes de l'âme et de l'esprit, fêtes du temps et de l'éternité. Ces joyeuses et saintes merveilles contenaient la démonstration de toutes les vérités contestées par l'erreur. Le roi de la paix y présidait, entouré d'hommes venus de toutes les parties de la terre; et ces hommes étaient les pasteurs du genre humain, les hommes qui ne tremblent pas, les voix qui ne se taisent pas, les pensées qui ne meurent pas. On les voyait prosternés dans ces poussières immortelles et fécondes du Colysée, du cirque de Néron, de la voie d'Ostie, des prisons Mamertines, des Catacombes, aspirant la vie inépuisable qui sort de ces grands tombeaux, recevant une force nouvelle du baiser de Pierre vivant et rayonnant au milieu d'eux.

Pendant que le peuple, libre et content, multipliant les témoignages d'amour pour son Roi, se reposait du travail en contemplant la splendeur des pompes sacrées, pendant que les esprits plus cultivés visitaient les trésors partout ouverts de l'Art, de la Science et de l'Histoire, une intelligence tranquille pourvoyait sans effort à cette première nécessité du genre humain que l'on appelle le gouvernement de l'É-

...

les saintes splendeurs, et le temps est proche où plus d'une voix parmi celles qui l'ont injurié se lèvera pour confesser qu'il est le pilier du monde[1].

1. Cette Notice a été écrite en 1863. — Voici maintenant l'article par lequel M. Louis Veuillot a annoncé dans l'*Univers* la mort de Pie IX.

Que la volonté de Dieu soit faite en la terre comme au ciel! L'Église est veuve, le peuple viril est orphelin, le Pape est mort. C'était le seul homme qui restât sur la terre, livrée à ses propres ténèbres, qui menacent d'être les plus épaisses où elle ait roulé depuis longtemps. On peut dire aujourd'hui qu'il n'y a plus d'astres à éteindre, plus rien à mourir. Avec Pie IX, une grande époque d'hommes finit. A regarder l'état du monde, quelle ne serait pas la profondeur de la nuit qui commence et qui fait à chaque minut un pas de géant? L'humanité tout entiè e dans une attente formidable lève les yeux au ciel où ce soleil vient de remonter dans un nuage d'où semblent prêts à pleuvoir le feu et le sang. « Hommes de Galilée, pourquoi vous arrêtez-vous à regarder au ciel? » Mais, Dieu soit loué! de ce ciel où disparaît celui qui était la joie, la force et l'espérance du monde, la foi nous adresse une réponse que la terre n'obtiendrait plus. L'époque de Pie IX est finie, celle de Jésus-Christ recommence toujours : « cet homme de Jésus qui, en se séparant de vous, s'est élevé dans le ciel, viendra de la même manière que vous l'y avez vu monter. » Il ne vous laisse pas orphelins.

Néanmoins, l'épouvante et la douleur sont grandes. En vain l'inévitable fin s'approchait. Il semblait que le moment en fût déjà passé. Le Pape était si fort, il vivait tant par l'énergie indomptable de son âme, qu'on s'habituait à croire qu'il ne mourrait pas. Comment craindre qu'il s'en allât? La sainte Église avait tant besoin de lui! Il était si bon, si sage; il avait fait de si grandes choses! Sa raison, désarmée de toute force humaine, tenait seule en bride tant d'adversaires puissants! Comment croire que Dieu consentît à laisser partir le seul homme qui restât à l'Église, le seul mortel de taille souveraine qui restât dans le monde?

Vaines raisons, vaines espérances! Dieu a ses desseins éternels qu'il suspend, que rien n'arrête. Il n'a pas donné tous les miracles et celui que nous demandions ne se fera pas. Il en veut faire de plus grands que nous ne demandions pas et dont nous avons besoin. Le monde s'y soumettra avant de les voir, avant même d'en soupçonner l'existence; et déjà le miracle est fait. Il y a un homme sur la terre, un homme inconnu de tous et de lui-même et qui ne sait pas encore le nom sous lequel il sera révéré et obéi de tout le monde. Nous le connaîtrons demain; et non-seulement les hommes de bonne volonté, mais plusieurs aussi parmi les rebelles, et les événements eux-mêmes courberont la tête devant lui, et cet homme, un prisonnier peut-être, un fugitif sans asile, un martyr, sera le Pape romain, successeur de Pie IX et de saint Pierre. Voilà le miracle nouveau préparé de tout temps et qui va éclater maintenant pour consoler le peuple orphelin; et le Pape trouvera les paroles saintes et opportunes qu'il faut adresser à l'humanité pour la ramener dans la voie, pour maintenir ses chefs à leur rang de combat, pour soutenir la vieille et éternelle guerre du monde et de Dieu contre le monde et contre les faux dieux. Et la guerre sera soutenue aujourd'hui et demain, comme elle l'a été toujours, et elle durera jusqu'au triomphe, qui arrivera certainement.

Voilà le miracle que nous allons voir demain, déjà commencé aujourd'hui; le miracle qu'a fait Pie IX après Grégoire XVI, qu'a fait depuis saint Pierre tout Pape nouveau après tout Pape défunt. Il va recommencer tout à l'heure, n'ayant pas cessé un seul jour depuis qu'il a été inauguré par la passion de Jésus-Christ. Il se continue de croix en croix et de calvaire en calvaire. D'innombrables bourreaux : une seule victime, mais immortelle.

Ce combat, Pie IX l'a soutenu plus longtemps que tout autre avant lui, en vrai disciple du Maître, en vrai général de son armée. Il l'a soutenu dans une heure de défaillance, il en a relevé la fortune en apparence inclinée, il en a glorieusement préparé la suite jusqu'au jour de l'éternité. Heureux ceux que la Providence a appelés à vivre sous son pontificat! Aucun Pape n'a rencontré avant lui autant de figures de l'hérésie, de la fraude, de la force brutale et hypocrite, autant de formes du mensonge, de la ruse, de l'impudence, de la maladie et de la mort, et personne peut-être n'a plus largement montré au peuple fidèle la face claire et rayonnante de la vérité par laquelle seront vaincues et dissipées les ombres abjectes du mal.

20 788. — Typographie Lahure, rue de Fleurus, 9, à Paris.

www.ingramcontent.com/pod-product-compliance
Ingram Content Group UK Ltd.
Pitfield, Milton Keynes, MK11 3LW, UK
UKHW020155200726
13856UKWH00003B/1010

9 782012 837980